# 0~3岁宝宝智力提升的
# 亲子游戏方案 120

## 上班族妈妈实践版

(韩) 姜多衍 著
李美英 编译

吉林科学技术出版社

# 图书在版编目（CIP）数据

0～3岁宝宝智力提升的亲子游戏方案120：上班族妈妈实践版 /（韩）姜多衍著；李美英编译. -- 长春：吉林科学技术出版社，2013.6
ISBN 978-7-5384-6756-7

Ⅰ. ①0… Ⅱ. ①姜… ②李… Ⅲ. ①游戏课—学前教育—教学参考资料 Ⅳ. ①G613.7

中国版本图书馆CIP数据核字（2013）第098411号

---

"Ignite your kid's brain with homemade toy" by Kang,Da Yeon
Copyright ©2010 Kang,Da Yeon
All rights reserved.
Originally Korean edition published by Book21 Publishing Group
The Simplified Chinese Language edition ©2014 JiLin Science&Technology Publishing House
The Simplified Chinese translation rights arranged with Book21 Publishing Group through EntersKorea Co.,Ltd.,Seoul,Korea.

《0～3岁宝宝智力提升的亲子游戏方案120：上班族妈妈实践版》中文简体版权专有权属吉林科学技术出版社所有

吉林省版权局著作权等级图字：07-2012-3970号

---

## 0～3岁宝宝智力提升的亲子游戏方案120：上班族妈妈实践版

| | |
|---|---|
| 著 | （韩）姜多衍 |
| 编　译 | 李美英 |
| 出 版 人 | 李　梁 |
| 责任编辑 | 周　禹 |
| 封面设计 | 长春创意广告图文制作有限责任公司 |
| 制　版 | 南关区淇桢电脑设计工作室 |
| 开　本 | 710mm×1000mm　1/16 |
| 字　数 | 230千字 |
| 印　张 | 11.5 |
| 印　数 | 1-5000册 |
| 版　次 | 2014年9月第1版 |
| 印　次 | 2014年9月第1次印刷 |

| | |
|---|---|
| 出　版 | 吉林科学技术出版社 |
| 发　行 | 吉林科学技术出版社 |
| 社　址 | 长春市人民大街4646号 |
| 邮　编 | 130021 |
| 发行部电话/传真 | 0431-85677817　85635177　85651759 |
| | 85651628　85600611　85670016 |
| 编辑部电话 | 0431-85659498 |
| 邮购部电话 | 0431-85677817 |
| 网　址 | www.jlstp.net |
| 印　刷 | 长春第二新华印刷有限责任公司 |

| | |
|---|---|
| 书　号 | ISBN 978-7-5384-6756-7 |
| 定　价 | 29.90元 |

如有印装质量问题可寄出版社调换
版权所有　翻印必究　举报电话：0431-85635185

前言

# 拓展思维、培养动手能力
# 为孩子量身定做的亲子游戏

在孩子出生后的这7年里,我每一天的工作都很忙,迫不得已经常会在晚上和周末加班。但从孩子成长的角度来看,他正处于需要妈妈呵护的关键时期,所以我必须要平衡孩子与工作之间的关系。说起对孩子的教育,我认为比起对孩子进行自然科学的教育,孩子的情绪和与人沟通的教育问题更重要。不过幸好有孩子祖辈们无微不至的关爱,还有一个乐于跟我分担家务的好老公,所以我才可以一边认真工作一边细心照料孩子。现在他已经成长为一个懂礼貌、身心健康的好孩子了。

回想起来,一年当中我总是有几个月工作会非常忙碌,每到那个时候,带孩子都会让我感到很疲惫。或许是因为孩子懂事早的缘故,所以他从来没有要求过让我留在家里陪他。然而有一天,孩子突然对我说:"我也希望妈妈能够送我上幼儿园校车,能够在放学的时候来接我回家。"我想那时候孩子大概是羡慕别的小朋友都有妈妈接送,回家的时候能够拥入妈妈的怀抱吧。看来不是孩子没有想法,而是他一直都在体谅我这个做妈妈的辛苦，而将这些话藏在了心里。从那以后，我开始思考该如何陪孩子，最后我决定："每天让孩子笑一次。如果一天只能陪孩子玩1个小时，那我也要尽最大的努力让他玩得充实。"

就是因为这个决定，我自然而然地做到了为孩子量身定做亲子游戏。游戏形式很简单，就是让孩子主导游戏，然后我们一起完成，其效果出乎意料的好。在游戏的过程中，孩子的情绪迅速稳定，而且其认知能力也有所提高。经过几次游戏我发现，他的想象力和动手能力都提高得特别快，而且越来越有信心。尤其是在其作品得到了小伙伴们的认可后，孩子会很自豪的说："这是我和妈妈一起做的，只有我才有的妈妈牌玩具"。每到这时，我都会非常欣慰。渐渐我明白了，只要给孩子提供"游戏"，孩子完全可以自己把它变成创意。

长期以来，关注我和我孩子的朋友都建议我把跟孩子玩过的游戏出版成书，分享跟孩子互动的乐趣。实际上，我在养育孩子的过程中，给我最大帮助的莫过于书籍。有一天我的脑海里也突然闪过了这样一个念头："没错，我也可以通过书籍去帮助别人"。我并没有专门学过育儿知识，我的工作与美术和教育的关联也不大，平时的时间也不充裕，但是我觉得像我这样一个平凡妈妈与孩子互动的亲子游戏形式，其实每个人都可以尝试一下。但是如果游戏中只有别人的意见，那又会变成填鸭教育的一个翻版，因此我在跟孩子做游戏的时候，都会问一问他的意见，然后让孩子来主导游戏的进程。我更希望这本书可以给各位妈妈们提供一个思路，一个可以让孩子拓展思维、培养动手能力的游戏形式。各位妈妈们可以用这个思路来和孩子一起开发出各种各样的游戏，没有必要跟我的一模一样。专属于您们美满家庭的独一无二的亲子游戏，一定会给孩子留下一个其他孩子没有的美好回忆。

非洲有一句谚语说："全族尽力才能养好一个孩子（It takes a village to raise a child）。"现在想来，我也是在许多人的帮助下才能把孩子培养得这么优秀。为孩子精心准备每一顿食物的婆婆，万事都以孩子为中心的公公，两位老人的爱比世上任何一本育儿书籍还要伟大。还有帮我分担了很多家务的老公，我对他说"下辈子我还要嫁给你"。还有我的父母，他们在我的成长过程中也一定就如何教育我而苦恼过，并给予了我无限的关爱，所以现在我也才能把同样的爱全部给予我的孩子。

这里，我还要向对待我的孩子视如己出、给予我无限关心和鼓励的明善姐、秀雅姐、燕熙姐、善美姐、熙京姐，还有淑姬、贞淑、智妍、幼京，我要向他们致以我最诚挚的谢意。如果没有他们，我一定不能像现在这样平衡地处理好工作与家庭之间的关系。同时，借此机会我要向一直支持我、信任我的IBM的郑成旭专务和Prosociety的赵光顺代表表达我的谢意。

姜多衍

 contents

# 目录

## 会使用到的材料 9

1. 主要的基础材料 9 | 2. 画图时使用的材料 10 |
3. 固定时使用的材料 12 | 4. 装饰时使用的材料 13 |
5. 裁剪时使用的材料 14 |

 第一章

### 为孩子定制充满爱心的玩具 15

01 染色的米 16 | 02 拼图信 19 | 03 交通指示牌 21 | 04 邮筒 23 |
05 自动咖啡售货机 26 | 06 圣诞袜子 29 | 07 猫咪玩具之家 31 |
08 厨房游戏套装 33 |

 第二章

### 制作世界上独一无二的书 35

01 动物们的大树宾馆 36 | 02 比萨书 38 | 03 医院书 40 |
04 马桶书 42 | 05 妈妈画的绘本 44 | 06 月亮晚安书 45 |

## 第三章

**充满珍贵回忆的读书游戏 47**

**01** 如果天上掉食物的话 48 | **02** 种彩虹 50 | **03** 寻找靛蓝 52 |
**04** 拿着勺子快快来 54 | **05** 巧克力到此为止 56 | **06** 开花啦 58 |
**07** 长长的火车 60 | **08** 珍妮的帽子 62 | **09** 超现实主义画风 64 |
**10** 昨天、今天、明天 65 | **11** 制做老奶奶纸偶 67 |
**12** 被金枪鱼吃掉 69 | **13** 雨伞 71 | **14** 纬线经线 73 |
**15** 毛毛的报纸出来啦 76 | **16** 垃圾车来啦 78 | **17** 我们的小区 81 |

## 第四章

**隐藏在生活中的科学游戏 83**

**01** 火山游戏 84 | **02** 用杯子进行乐器演奏 86 | **03** 静电游戏 88 |
**04** 吸管游戏 90 | **05** 空气的阻力 92 | **06** 水漏游戏 94 |
**07** 热传导游戏 96 | **08** 利用水的游戏 98 | **09** 烛泪游戏 100 |
**10** 斜面游戏 102 | **11** 变成动物吧 104 | **12** 气球游戏 106 |
**13** 影子游戏 109 | **14** 冰块游戏 111 | **15** 防水游戏 113 |
**16** 除湿游戏 115 | **17** 种种子吧 117 | **18** 蜜蜂和章鱼游戏 119 |
**19** 水和油 121 | **20** 鸡蛋游戏 123 | **21** 轮子 125 | **22** 岩石的硬度 127 |
**23** 酸性和碱性 129 | **24** 制作弹弹球 131 | **25** 身体的器官 133 |
**26** 身体内部大探险 136 | **27** 季节 139 |

contents

### 提高思考能力的数学游戏 141

**01** 体积 142 | **02** 一半的概念 143 | **03** 分类 144 | **04** 颜色的感觉 146 |
**05** 神奇的橡皮筋 148 | **06** 一年又一年 150 | **07** 用青蛙表看时间 153 |
**08** 学习时间的流动 155 | **09** 测量 157 | **10** 魔法玉米 160 |

### 充满创意的美术游戏 161

**01** 出现图案啦 162 | **02** 制作漂亮图案的纸张 164 |
**03** 写一封五颜六色的信 166 | **04** 面粉游戏 167 |
**05** 制作奖杯和奖牌 168 | **06** 蜡笔游戏 170 |
**07** 做纸杯玩具 172 | **08** 做纸盒 174 | **09** 用食物装饰 175 |
**10** 树叶游戏 177 | **11** 版画游戏 180 |

后记

# 会使用到的材料

介绍一下书中会使用到的材料。下面的材料都是可以在网络上的办公用品网站、大型文具店或小学门口的文具店方便购买到的材料。而我因为没时间在每次需要的时候再出去买,所以都是一次性购买各种材料保管在一个大箱子里,需要的时候就拿出来用。

## 1.主要的基础材料

**发泡胶板**

发泡胶板虽然是聚苯乙烯泡沫塑料的一种,但其粒子非常稠密,比海绵稍微硬一点。

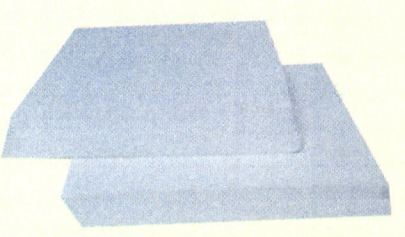

**硬纸板**

有一定厚度和坚硬度的纸。能用刀切割,所以适合用于手工制作。

**贴纸**

有各种颜色,可以随便贴在自己喜欢的地方。透明的贴纸还有覆膜的作用,所以可以方便的使用。

相纸

在家庭中利用彩色打印机打印时，使用相纸能得到与实际图案品质相仿的照片。可以根据个人喜好选择有光泽或亚光的相纸。

## 2. 画图时使用的材料

### 油性签字笔

在纸上画画时一般使用水性签字笔，但在塑料或塑胶上画画时应使用油性签字笔。因为油性签字笔不会晕染，所以适合用在无法使用水性签字笔的游戏活动中。

蜡笔

蜡笔是很容易买到的画画道具。将使用剩下的蜡笔碎块融化后还可以做成新的蜡笔。

**水彩颜料**

　　水彩颜料在市面上很容易买到，如果是年龄较小的孩子可以在移画印花法或印手印等游戏中使用。经常使用的颜色最好是另行购买大包装的管装颜料。

**丙烯颜料**

　　塑料、发泡胶板、玻璃瓶等无法使用水彩颜料涂色的材料可以使用丙烯颜料。与水彩颜料相比丙烯颜料具有饱和度强、易干燥、凝固后不容易融化的性质。

**食用色素粉**

　　食用色素粉是可以让孩子放心抓着玩的颜料。和面时放入一些会使和好的面团发出柔和漂亮的光泽，对鸡蛋、米、木头筷子进行染色时则能得到鲜明的颜色。

### 3. 固定时使用的材料

**胶枪**

外形像手枪一样的胶枪在使用时需要插入叫热熔粘接剂的半透明芯,然后连接电源就能使用。热熔粘接剂融化后起到粘合剂的作用。

**魔术贴**

也叫"尼龙搭扣带",由一面是较硬的材料,另一面是柔软的材料组成。

**发泡胶板专用胶**

发泡胶板专用胶主要用于粘贴发泡胶板及其他聚苯乙烯泡沫塑料产品。如果使用普通胶或胶枪粘贴的话,聚苯乙烯泡沫塑料产品会熔化。

### 资料装订夹片

装订一些无法用订书器装订的厚纸，因为这种夹片可以单独买到，所以使用起来很方便。

## 4．装饰时使用的材料

### 金属亮片

用金属、合成树脂等原料做成的各种颜色、形状、大小的亮片，主要用来做华丽的装饰。最多见的是花、叶子、贝壳等形状，并且利用胶枪很容易就能粘贴。

### 娃娃眼睛

这种眼睛晃动一下是会动的，而且它们有各种大小，贴在平面上也很有立体感。

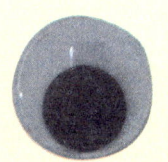 

### 彩色绒球

是用柔软的材料做成的圆球状体，而且有各种颜色和大小，所以做手工时使用率很高。可以用针线缝或通过胶枪贴在需要的位置。

## 5．裁剪时使用的材料

### 包装剪刀

这种剪刀的刀刃不是直线，而是有规律的形状，一般主要使用的是像鳄鱼牙齿一样尖尖的形状。剪刀包装里常配有多个剪刀刃，可以替换使用。

### 花样打孔器

普通打孔器只能打出圆孔，用于装订文件。而花样打孔器有星星、雪花、动物等各种形状，在纸上打孔的话会变成漂亮的装饰。

# 第一章

## 为孩子定制
## 充满爱心的玩具

孩子还很小的时候,孩子他爸曾经买回来一些很贵的玩具。但是,孩子更喜欢妈妈用纸箱做出来的粗糙但充满爱心的玩具。

那些玩具是在孩子成长的过程中,根据孩子关心的事情,在家里现有的回收物品上粘上五颜六色的彩色纸做成的。可能在孩子的眼里,那些充满爱心的玩具是世界上最有趣的玩具。

# 01 染色的米

我小的时候，会在游乐场玩沙子、荡秋千、滑滑梯……真是玩得很开心。但是，最近很多游乐场都没有沙子，因此现在的小朋友都很难用沙子做游戏了。所以我把陈米染成了漂亮的颜色来代替沙子，让孩子来玩。这种染色米对人体没有任何害处，而且是触感非常棒的玩具。

 难易度
★☆☆☆☆

### Tip
只要有红色、黄色和蓝色的食用色素粉，就可以混合出橙色、绿色、紫色等许多不同的颜色。

### 准备材料
米，食用色素粉

### 制作过程

① 首先把米洗一遍，去掉粉末或灰尘。将食用色素粉溶于水中。

❷ 将米放入溶解了食用色素的水中，浸泡约1小时左右，进行染色。这时如果有其他想染色的物品（布、蛋壳、木棍等），也可以一起浸泡后晾干。

❸ 将染好颜色的米捞出来，在阳光下晾晒一天左右。

### Tip

因为报纸吸水性好，把需要晾晒的米放在报纸上进行晾晒更容易干。

❹ 米干透后，放入大一些的容器中，便于孩子玩耍。

### Tip

可以在染色的米中藏一些小的物品，和孩子玩寻宝的游戏。比如藏一个写着"我爱您"的纸条，孩子会非常高兴。

## 还可以这么玩

**游戏 1**

我们可以利用不同颜色的米制作菜肴。黄色的煎鸡蛋、红色的草莓果汁、绿色的青椒，是不是很开发孩子的想像力呢？这时，再准备厨具和围裙的话，孩子就可以尽情地展开想象了。

**游戏 2**

将蛋壳染色，晾干后让孩子碾碎，会发出酥脆的声音，孩子们听到会非常兴奋。如果孩子们将准备的蛋壳全部碾碎后，还想听酥脆的声音的话，可以拿出冻面包或者放置时间长的饼干让他们来玩。

**游戏 3**

像擀面一样，让孩子擀米。米会发出咔咔的声音，并变成漂亮的碎末。

## 02 拼图信

孩子还小的时候，对拼图很感兴趣，所以给他买过各种各样的拼图，他都会玩得很开心。后来跟别的妈妈分享拼图游戏时，我突然想到了一个点子，如果自己动手给孩子做了一个拼图，并在拼图里面加上"妈妈的信"的话，孩子看到后一定会开心地笑得像朵花儿一样。

### 准备材料

发泡胶板，硬纸板，油性签字笔

**难易度**
★☆☆☆☆

### 制作过程

1. 在孩子熟悉的图片中选择想做成拼图的图片。尽量挑选线条分明的图片，孩子年龄小的时候，与其选择太过复杂的图片，不如选择一个大一点的图片。如果孩子愿意的话，也可以使用孩子画的画。

**Tip**
将图片放在发泡胶板上，用圆珠笔按压画的边缘，发泡胶板上就会出现草图。

## Tip

画画有困难的话，可以将打印的图片或家族照片粘贴在发泡胶板上。用家族照片的话，孩子会更高兴。

## Tip

在剪裁过程中如果刀片倾斜的话，孩子在拼的时候会有困难，所以尽量让刀片与发泡胶板垂直。

② 用油性笔在发泡胶板上画画，再准备作为底板的硬纸板，然后裁剪成跟发泡胶板一样的尺寸。

③ 画好画的发泡胶板留下2~3cm的边缘，裁出里面的四边形后，将边缘部分贴到提前准备好的硬纸板上。在贴好发泡胶的硬纸板上写下送给孩子的话。

④ 将之前裁出的四边形发泡胶板分割成8块或16块的四边形。

将挂历或漂亮的画随意进行裁剪，也能制作出超简单的拼图。

孩子再长大一点的话，还可以用稍复杂一些的画来制作拼图，或者裁剪成更多块。

# 03 交通指示牌

男孩子们都非常喜欢汽车，所以这次打算做交通指示牌。把街上看到的指示牌都做成适合用手握住的大小，孩子一定会非常开心。趁着这机会，还给他进行了道路安全知识教育，孩子兴奋的玩了半天。虽然制作起来比想象的要更容易些，但是数量较多，也需要一定的耐心。

第一章 为孩子定制充满爱心的玩具

## 准备材料

发泡胶板，吸管，交通指示牌印刷物，黑色波纹纸板，彩色纸（黄色，白色）

### 难易度
★☆☆☆☆

## 制作过程

**1 交通指示牌**　交通指示牌需要贴前后两个面，所以需要一样打印两份。将打印好的交通指示牌剪成相应的形状后，将两张相同的交通指示牌背对背粘好，并在中间夹入吸管即可。将固定好吸管的交通指示牌插入发泡胶板作为底部，用胶枪进行固定。

### Tip

在网络上搜索"交通指示牌"，很容易找到相应的图片。只要用彩色打印机打印即可，如果没有彩色打印机，可以打印成黑白图片再用彩笔进行上色。

## Tip

利用贴纸的话一面有粘合剂，所以会比较方便。

❷ 在黑色的波纹纸板上用剪好的黄色贴纸代表公路，白色贴纸粘贴成人行横道的样子。如果没有贴纸可以用彩色纸或图画纸剪好后，再用胶水粘上去。

## Tip

在波纹纸板外侧装上魔术贴或者绳子的话，可以将做好的公路纸板卷起来，便于保管。

❸ 做好公路后，整理一下交通指示牌，就可以跟孩子开心地做游戏了。

## Tip

食物打包容器相对较深，适合保管玩具。

❹ 利用打包食物的容器可以很好地保管这些交通指示牌。

## 04 邮筒

红色的邮筒正在悄悄地淡出我们的生活。突然有一天，我冒出一个想法，如果家里有一个漂亮的邮筒就好了。等到真正做出邮筒后，孩子非常高兴，而且给爸爸妈妈写信放进邮筒里的样子真是特别可爱。偶尔，我也会将给孩子写好的信放进邮筒里。

虽然邮筒在做的时候有点辛苦，但做完了之后，它竟然成了我们一家人联系亲情的纽带。

第一章　为孩子定制充满爱心的玩具

### 准备材料

发泡胶板，合页，红色颜料（如果准备了红色的发泡胶板可省略），胶枪，发泡胶板专用胶（木工胶）

### 制作过程

① 参考25页的图案，裁剪发泡胶板。根据需要的形状，可以有所改变。

② 按图案裁剪好发泡胶板后，邮筒前面可以提前利用小钉子和合页安好一扇取信口的小门。将发泡胶板做出心形后，用胶枪进行固定，当做取信门的手柄。

**难易度**
★★☆☆☆

### Tip
我制作的时候，将邮筒架做的比较长，邮筒顶做成了3层重叠的样子。但是，邮筒架做的比较长的话，如果底座不牢固会很容易倒，所以需要在底座加上厚一点的木板。

### Tip
在家附近的五金店可以用很方便的买到合页。

③ 在用来当作邮筒底部的发泡胶板上分别粘上邮筒的侧面、后面和前面的发泡胶板。用发泡胶板专用胶的话，可以粘的很牢固。

④ 粘贴邮筒顶部时，需要注意粘贴三层顶部时，从最下面的一层开始，一个一个的调整好间距再进行粘贴。将做好的邮筒用胶枪固定在邮筒架上。用红色颜料粉刷整个邮筒，等颜料干透后就可以进行各种个性化的装饰啦。

### Tip

为了增加红色邮筒的亮点，我用白色的字装饰了一下。在发泡胶板上写出自己想写的字，然后把字的部分抠空，再将字体部分镂空的发泡胶板放在邮筒想要写字的地方，用沾上了白色颜料的棉团轻轻按压即可。

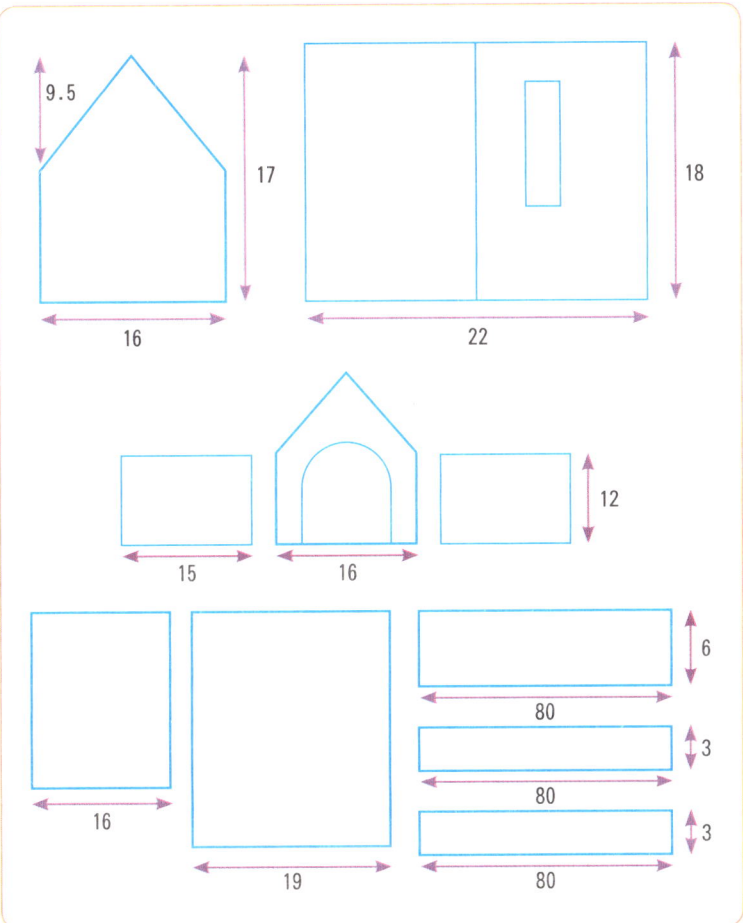

跟孩子玩一下写信的游戏如何?在邮筒里面悄悄放一封写给他的信,孩子一定会很高兴的。

如果妈妈说想收到回信,就算不会写字的孩子也会用画画的方式给您回信的,那一定会成为您和孩子之间永恒的美好回忆。

# 05 自动咖啡售货机

看孩子对自动售货机很感兴趣,所以打算做一个自动售货机玩具。与其妈妈自己做,不如引导孩子让他说出头脑中的想法,一起动手制作,这样会让这个过程变得更加有意义。自动售货机的所有材料都可以使用回收物品。平时经常能看到的物品变身成很酷的玩具,仅仅这一点就会让孩子学到很多东西了。

### 难易度
★★★☆☆

### 准备材料
方便面箱,两脚钉,小塑料瓶,发泡胶板,彩色绘图纸,油性签字笔,牛奶瓶

### 制作过程

① 让孩子试着画一下设计图。如果孩子觉得太难的话,可以跟他一起观察一下家附近的自动售货机。

② 左侧的门 用自己喜欢彩色的纸包住方便面箱。将发泡胶板裁好后,用油性签字笔写上饮料的名称和价格。然后用双面胶整齐的贴在售货机上,做成饮料按钮。取杯子的入口,可以用刀裁成能打开门的程度,再加上一个小纸盒做成把手。

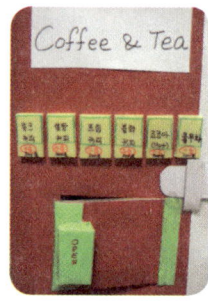

### Tip

在现实生活中,工作人员为了添加自动售货机里面的饮料,会开着售货机的门。千万不要错过机会,让孩子仔细观察售货机的内部构造,让他思考一下"投入硬币的话售货机是怎么样工作的?"

③ **右侧的门** 在发泡胶板上抠出槽后，用双面胶贴在售货机上端，做成硬币投入口，这个口要做成真的能放进去硬币的尺寸。然后以同样的方式在下面做一个退币口。

 **Tip**

在售货机主体上粘贴用发泡胶板做成的硬币投入口时，不要忘了在售货机上也需要抠出一个口呀。

④ 左侧门的里侧，将小塑料瓶裁成1/3大小，倒过来贴在取杯口的小门里侧，然后放上一些小纸杯。

 **Tip**

为了让孩子方便拿出杯子，取杯子的口可以做得大一点。

⑤ 右侧门的里侧，将小塑料瓶下面的1/3裁下来，贴在硬币投入口的下面。将钱投入硬币投入口的话，钱会积攒到小塑料瓶里。

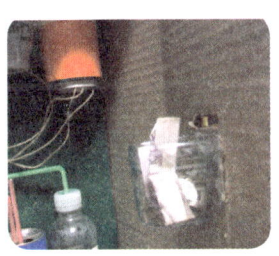

**Tip**

如果担心塑料瓶的切割面弄伤孩子的手，可以用漂亮的包装胶带包住切割的部位。

⑥ 在彩色纸上写好咖啡、咖啡伴侣、方糖、可可粉、水桶等名称后，用双面胶贴在牛奶瓶上。各个小瓶子连接的软管可以用吸管或者粗的绳子表示。

7 在售货机左侧门打开的位置，用宽的箱子做一个纸杯架。纸杯架下面放一个用来收集溢出饮料的容器。

## Tip

纸杯架固定的位置应该使顾客在打开取杯子的门时，正好能拿到杯子，这个一定要确认一下。

8 这是自动咖啡售货机内部整体的样子。饮料的品种可以根据孩子的喜好来选择。

跟孩子一起制作家用电器的说明书也是一个不错的想法。两个人可以讨论注意事项或者主要功能，如果孩子不会写字，妈妈还可以代替孩子记下来。也可以给孩子看看写有公司名称和消费者保护中心电话号码的真正说明书，让他自己来制定具体的内容。

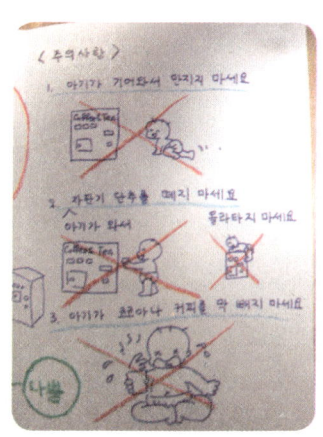

# 06 圣诞袜子

每年一到圣诞节，不仅仅是孩子，就连大人也会变得兴奋。虽然，圣诞节在家用圣诞树装饰很不错，但每年能够亲手做点小道具的话，随着时间的推移您会发现圣诞节会变得越来越丰富。那么，这次我来告诉大家既能让孩子们喜欢，还能起到装饰效果的漂亮道具的制作方法吧。

### 准备材料

无纺布、彩色绒球、蝴蝶结、纽扣等小装饰品

### 制作过程

**1 雪人袜子** 将绿色无纺布裁成袜子的形状，做成前、后两张。然后用各种颜色的无纺布剪出雪人、帽子、围脖、小锹等形状。雪人在粘贴到袜子上之前需要先缝一下。嘴的部分用较粗的线缝出即可，再用黑色的线打上结缝在雪人的脸上做成眼睛。袜子的前面用胶枪粘上雪人、帽子、围脖、小锹等，然后用绿色的线将前后两面袜子形状的无纺布缝到一起就可以了。

### 难易度
★★★☆☆

### Tip

此外，还可以在袜子上粘上一些亮片、彩珠、纽扣等小装饰品，但千万要注意使用工具的安全性，使用胶枪的工作最好由家长来完成。

## Tip

制作圣诞老人的眼睛和鼻子时,可以用无纺布代替彩色绒球。

## Tip

这些漂亮的圣诞道具是参考杂志介绍的作品模仿着做的,所以建议您养成平时收集杂志和报纸的习惯。孩子看到父母收集记录的习惯,对他以后良好习惯的养成有很大的教育意义。

② **圣诞老人玩偶** 将肉色的无纺布剪成大的椭圆形,作为圣诞老人的脸。在脸形无纺布上用胶枪粘好彩色绒球,作为圣诞老人的眼睛和鼻子。胡子可以用白色的无纺布有层次的粘贴。红色的帽子和帽子上面的毛按照顺序粘贴后,圣诞老人玩偶就做好了。

③ **圣诞树袜子** 剪下两张袜子形状的白色无纺布。用绿色无纺布剪出树的形状后粘在衣袜上,树的上面用胶枪粘上彩色绒球和红色无纺布剪出的小星星,下面用棕色无纺布做成花盆的形状,再用胶棒粘上闪亮的装饰品后,用红线缝好前后两张袜子形状的无纺布,这样圣诞树袜子就算做好了。

还可以这么玩

**游戏 1** 做个雪人玩偶来装饰我们的家怎么样呢?用圆的泡沫塑料做雪人的身体,用无纺布做成帽子、围脖、纽扣等装饰物后进行粘贴,这样雪人玩偶就诞生啦!

**游戏 2** 用雪花结晶来装饰冬天,效果会怎样呢?将纸有规律地折好后剪出自己想要的样子,展开后就是属于自己的漂亮雪花结晶了。在黑色的纸上粘贴这些雪花结晶,会不会感觉寒冷的冬天都变的温暖了呢?

# 07 猫咪玩具之家

大家都有自己喜欢的动物吧？通常男孩子比较喜欢恐龙，女孩子比较喜欢小狗，我们家孩子则非常喜欢小猫。问题是不能在家里面养，所以每次得到一个小猫玩具时，他都会当做宝贝一样的收好。看着他玩小猫玩具，我就问他："要不要给小猫们做个家呀？"他马上回答说："要！"。因此，诞生了材料费为零元的小猫玩具之家。

**第一章** 为孩子定制充满爱心的玩具

### 难易度
★★★☆☆

### Tip
墙壁可以选择像壁纸一样图案的彩色纸，地面可以直接铺上地板革，这样可以营造一个更加逼真的"小猫玩具之家"。

### 准备材料

纸巾盒，烟盒，花色布头，飘带，发泡胶板，巧克力油纸，圆的泡沫塑料（直径3cm左右），一次性木筷，带纹路的彩色纸，地板纸，各种颜色的绒球和绳子，瓶盖，硬质木材，漂亮的冰箱磁铁（或者是小的道具和玩具）

### 制作过程

1. 首先剪下纸巾盒的两个面，留下要做的"小猫玩具之家"的三面墙和地板。然后在"小猫玩具之家"的墙壁和地板  上分别用胶棒粘贴上带纹路的彩色纸和地板纸。后面剪出方形窗户，并用发泡胶板剪出窗框的样子，用双面胶粘贴在方形窗户上。

## Tip

布料用胶枪粘的话会很牢固。制作相框用的贴纸可以在文具店买到。

## Tip

可以让孩子发挥想象力,将家里所有的回收物品都变为装饰材料。比如蛋糕上的装饰品或绢花就是很好的装饰材料呢。

## Tip

小毛线团也可以用颜色绒球代替,那样的效果也很棒。

❷ 在烟盒上粘贴好花色布头,烟盒盖的部分用飘带缠好即可做成小猫的小床啦。在发泡胶板上粘上贴纸做成相框,后面粘上绳子后挂在墙上。

墙壁上可以提前钉上图钉当成钉子,相框可以利用双面胶来固定。小台灯可以按照油纸、泡沫塑料、圆木棍、瓶盖的顺序粘好做成。

❸ 用胶枪将布头贴在圆形瓶盖上,之后再粘上截成小段的一次性木筷,做成桌子的支架。用刀截断硬质木材后,做成

置物架,最后用胶枪固定在墙上。做好后可以利用冰箱磁铁或小饰品将置物架装饰得漂亮一些。

❹ 如果小猫之家里能有可爱的毛线团是不是更能展现这里的温馨呢?将毛线团成小团,用绳子绑好后装在瓶盖里就大功告成啦。

还可以这么玩

各种小道具在玩的过程中很容易就弄丢了,而且放置时间长了也会落灰,所以我们可以为小猫之家再做一个罩。

## 08 厨房游戏套装

记得有一次，我在看妈咪杂志的时候，里面介绍了能跟孩子一起玩的很棒的厨房游戏，我就趁着孩子睡着的时候试着做了一迷你厨房。没想到早上孩子醒来像是看到了魔术一样感到惊喜。"妈妈最棒！"看到孩子伸出的大拇指，僵硬的肩膀不知不觉就变得轻松了。

第一章　为孩子定制充满爱心的玩具

###  准备材料

两个大箱子，彩色图画纸，布，铁丝，白铁盆，彩色纸杯，圣诞节照明灯具，玉米魔法豆，纸碟

### 制作过程

1. **带烤箱的煤气炉**　用刀将箱子的下半部割开做成烤箱门。用蓝色图画纸将箱子的四周粘贴好，再利用白色图画纸剪成相应的形状贴在箱子的上端和前面，做成煤气炉。

2. **洗涤槽**　将另一个箱子的顶部抠出方形的形状，上面剪出个圆形。圆形的大小应该可以正好放入一个白铁盆，这

###  难易度
★★★★☆

### Tip
用发泡胶板代替白色图画纸的话会显得更有立体感。

### Tip
将帘子的上端折叠2cm左右缝好，并将铁丝从中间穿过去，这样就很容易将帘子固定住了。

个白铁盆可以当做洗涤槽。将箱子的四周用彩色和白色的图画纸剪成小方形,并将其相间的粘贴好,做成磁砖的效果。箱子的前面下半部抠出一个方形的部分并用帘子进行遮挡,这样可以当做储物橱。

### Tip
如果圣诞节的照明灯具间隔太窄的话,可以隔一个放一个纸杯。

③ **制作照明灯具** 将纸杯的侧面剪出星星、梨、苹果等各种形状,里侧粘上各种颜色的玻璃纸。杯底部分用锥子钻个小孔后,将圣诞节的照明灯具从纸杯底的孔穿过,这样就能做出新的照明灯具了。

### Tip
用玉米魔法豆制做食物,可以开动孩子的想象,并让他们制作出自己喜欢的食物。

④ **制作食物** 用玉米魔法豆制作食物。因为玉米魔法豆只要沾点水就能按照需要的形态粘贴,所以可以自由制作。

⑤ **摆桌** 将制作的食物装盘摆在桌上。在平时孩子用来画画的桌子上铺好漂亮的桌布后,用各种颜色的餐具摆桌。最好还能准备一些开派对用的三角形帽和餐巾。用剩下的玉米魔法豆再做一个迷您小凉鞋也是一个不错的创意哦。

### Tip
跟孩子一起玩生日派对祝贺的游戏和制作食物的游戏吧。这样,就算是下雨天,一整天不出门也不会觉得闷哦。

⑥ 玩完之后一定要整理一下做好的玩具呀。摆桌的食物可以保管在洗涤槽和烤箱中,是不是很像那么回事呢?

# 第二章
# 制作世界上
# 独一无二的书

在我们家，书不仅是知识的象征，还是"游戏"和"趣味"的象征。

如果是木板书，我们会把它们垒成高高的塔，玩推倒塔的游戏；如果是精装书，我们会把它们整齐的排列好，玩多米诺游戏。

终于有一天，我们以孩子喜欢的物品为主题，开始制作只属于我们自己的书籍了。现在，孩子房间里已经有满满一书柜我们自己的书籍了！还在等什么？快快和孩子一起行动起来吧！

# 01 动物们的大树宾馆

半夜下班回到家,孩子说想玩个有趣的游戏。想来想去,突然想到了以前买的手工制作书,拿出来一看有好几个简单易学的游戏,所以试着做了几种。不知道是不是因为跟孩子一起展开想象,全身心投入地玩游戏的关系,一天的疲劳全部都消失了。

难易度 ★☆☆☆☆

### 准备材料

印泥,彩色纸,彩色水性签字笔

### 制作过程

1. 跟孩子一起在纸上开心的印上手印。然后以小手印为主体,发挥想象,在上面用彩色水性签字笔画上各种图案,将小手印变成各种小动物。

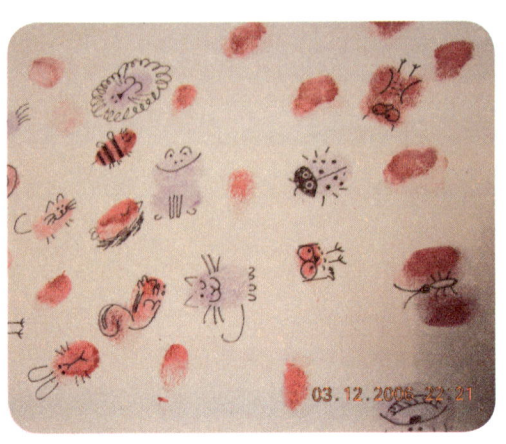

❷ 用彩色的纸做成一棵大树的形状，大树的树干做一个可以翻开的大门，然后编一个"动物们光顾的大树宾馆"的故事，孩子会很感兴趣的。

❸ 剪下用手印做成的小动物，贴在做好的"大树宾馆"的树杆可以翻开的大门里。

### Tip

如果您能在开始制作之前，带着孩子去趟动物园的话，就会使整个制作的过程变得更加快乐的。

❹ "大树宾馆"的其他位置可以让孩子自己发挥想象装扮一下，这样就完成了只属于孩子自己的书了。

## 02 比萨书

0~3岁宝宝智力提升的亲子游戏方案120

比萨应该是孩子们都非常喜欢的食物之一了。有一次，我跟孩子在一起讨论用什么材料能做出新颖又好吃的比萨的时候，突发奇想决定趁这个机会做一本比萨书。孩子说他想做辣白菜比萨，于是我们一起行动，度过了一个非常有趣的下午。

**难易度**
★★☆☆☆

**Tip**
可以和孩子一起在报纸、杂志或超市的宣传单里寻找食物图片。

**准备材料**

各种食物图片，彩色纸，彩色飘带，彩色黏土

**制作过程**

1. 在准备各种食物图片时，最好让孩子自己选择比萨上面的食物配料。我家孩子选择的是干黄花鱼、南瓜、平菇和辣白菜。

② 首先用彩色粘土制作食物配料，接下来用彩色纸制作比萨饼皮和上面的酱料，然后把食物配料放在上面，并用胶枪将它们固定住。

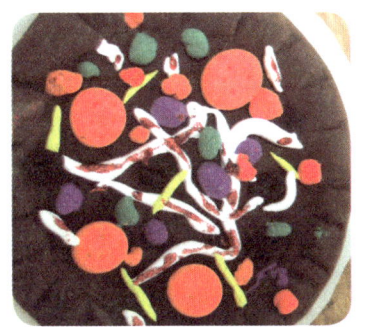

③ 用彩色纸对折后剪成比比萨尺寸大1~2cm的大圆形状，还要多剪出一块用来打孔的位置哦！之后用打孔器打两个孔后，用飘带从中串过绑好做成书的封皮。

## Tip

可以多准备几张，做出比萨书的多个页面。

④ 比萨书翻开后，里面的内容可以写制作比萨所挑选的食物材料对人的身体有哪些好处。最好让孩子自己进行整理，然后写上去。如果写下来有困难的话，也可以让孩子画上想画的画。

## Tip

告诉孩子比萨是意大利食物，然后在地球仪上找找看。不仅是比萨，还可以去了解各个国家的传统美食。

## 03 医院书

每个孩子都有自己喜欢的东西。我们家孩子有一段时间特别喜欢医院和人体,就连画的画都是医院。他会想象眼科、内科、儿科等,每次都画出新的医院,所以我决定干脆做一个关于医院的书送给他。本来打算我替

他画好医院和患者的,但他想自己画医院,所以我只帮着画了患者。如果孩子喜欢的对象是恐龙或者汽车的话,跟孩子一起制作一本关于远古森林或汽修站的书也是不错的哦。

### 难易度
★★☆☆☆

### 准备材料
A4纸,签字笔,彩色笔,透明薄膜

### 制作过程

1. 按照孩子的要求定页数。将两张A4纸对折后,按照"之"字形进行连接,这样就变成了迷你书的尺寸。如果想要更多页面的话,可以将多张A4纸对折后首尾连接就可以了。

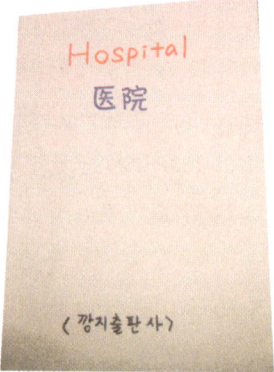

② 为了使每个页面都能打开门，用刀将页面中间划开一扇小门，最上面写上孩子想写的眼科、儿科、妇产科等科室名称。

> **Tip**
> 有机会可以跟孩子一起去参观一下综合医院，这样可以让孩子亲身确认书中的各个科室，他会觉得非常新奇的。

③ 让孩子画画或者写字来完成这本书，妈妈也要在旁边指导呀！

④ 由妈妈来画符合情况的患者。在医院书的最后一页粘上一个用透明薄膜做成的小口袋，用来保存患者图片。

> **Tip**
> 如果孩子想画患者的话，当然要满足他的要求，不要错过任何锻炼他的机会呀！

## 04 马桶书

孩子们似乎很喜欢"便便",每次上完厕所,总是挣着亲自去按马桶按钮来冲水。所以有一次,我直接打开了马桶盖给他讲解真实马桶的工作原理。可能是看着马桶里的水冲下去又重新流到原来的位置让他感觉很神奇,他就开着马桶盖等着水冲下去后又上来,还突然跑去画马桶的画。所以这次我决定做一本关于马桶的书,孩子特别高兴,还要求自己试着画一个"便便"呢。都做完之后,他说还要让我给他做个宝宝马桶圈呢。

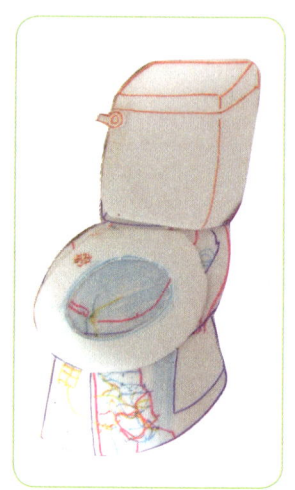

### 难易度
★★☆☆☆

### 准备材料
发泡胶板,油性签字笔,彩色纸,透明胶带

### 制作过程

① 在发泡胶板上用油性签字笔先画出马桶的水箱和马桶内部的构造。画之后给孩子看马桶水箱里的构造的话,他会觉得非常神奇和有趣的。做一个像面包圈一样的马桶圈后,用透明胶带固定住,这样马桶圈就能向上翻了。

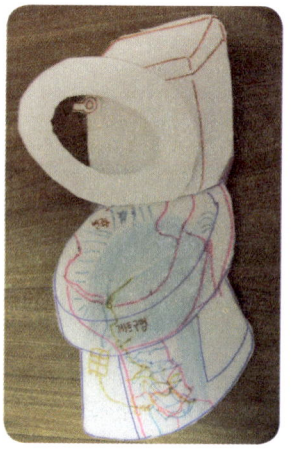

### Tip
如果没有发泡胶板的话,用硬纸板也可以。

② 剪一个马桶水箱大小的发泡胶板做成水箱盖。用透明胶带固定住一侧，这样水箱盖就能打开了。

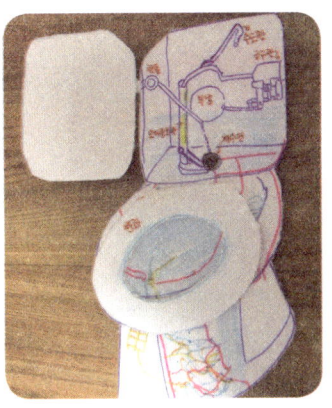

> **Tip**
> 可以跟孩子讨论一下，冲水的话便便会到哪里去，会变成什么样子。

③ 宝宝马桶圈要做的比普通马桶圈小的面包圈形状，便便可以让孩子发挥想象的画。

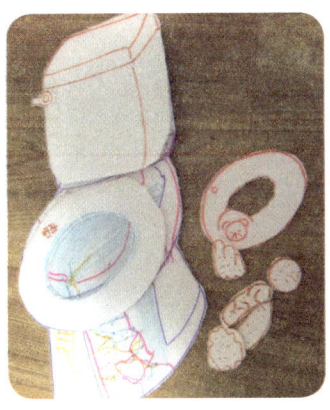

> **Tip**
> 打开马桶圈冲水的话，能用眼睛直接确认马桶的原理。

④ 制作一个小的纸信封，贴在做好的马桶书的背面，用来保管便便和宝宝马桶圈。

# 05 妈妈画的绘本

曾经在报纸上看到过这样一则新闻，有个人因为真菌感染，手脚都变成和树皮一样，但还好后来开发出了治愈的药物。给孩子讲了这件事后，幼小的心竟然担心了起来。所以赶紧跟他说："妈妈觉得得了那种病应该是件很幸福的事呢。因为小鸟和松鼠都会来玩啊，秋天了叶子会变红，春天了还会开花。如果妈妈得了那种病，我可能会不想吃药也说不定哦！"听到这，他马上开心的笑了起来。然后，我把这个故事做成了一本书送给了孩子。

**难易度**
★★★☆☆

**Tip**
在台历上粘贴漂亮的图画纸也能成为结实的线圈书。

**准备材料**

彩色纸，白纸

**制作过程**

① 用彩色纸做成书页，然后将前后页粘到一起做成书的样子。

② 将白纸剪成比书页的尺寸小1cm，并将其粘贴在各个书页的中间。

③ 在白纸上画出想画的故事，并进行点缀。

# 06 月亮晚安书

孩子刚开始能读书的时候，我想如果这些书中的主人公都是他自己，他一定会很高兴，并愿意认真地去读的。只可惜想来想去都不知道该怎么做，后来我在网上看到有一个人利用Photoshop将旧的童话书制作成了全新内容的书的新闻，我灵机一动，想利用孩子的照片代替旧的童话书，给孩子做一本只属于他自己的书。虽然这本书是用有点生疏的Photoshop制作的第一个作品，但还算是做成了世界上独一无二的书。

第二章 制作世界上独一无二的书

### 准备材料

孩子的照片，想制作的书，资料装订夹片

### 难易度
★★★★★

### 制作过程

1. 用扫描仪扫描想制作的书，然后挑选适合孩子的照片。然后运用Photoshop等软件进行照片与书内容的合成。

### Tip

您觉得合成照片很难是吗？那您可以直接剪下孩子的照片进行粘贴，文字部分也可以打印出来后一段一段地粘上去，这样也能做出很棒的书哦。

45

## Tip

我是使用了现有的照片,如果孩子觉得特别有趣的话,可以让他根据想制作的书中的情节做出不同的动作和表情,再照下来使用。这样做出来的书会更加真实,孩子也会觉得非常神奇。

② 制作完成后将书页逐一打印出来。如果制作的是没有什么文字,图片又比较大的书,那么书页打印的尺寸要小一点,这样就可以做成非常可爱的手掌书了。

③ 剪好打印的书页后,用胶棒粘贴相邻两个书页的背面,完成后用资料装订夹片进行装订即可。

④ 装订夹片部分可以用彩色纸进行遮盖,如果利用双面胶来将彩色纸固定的话,就能将装订夹片遮盖得既干净又漂亮。

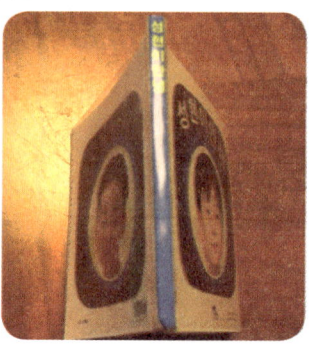

## Tip

书的封面上关于出版社或者作者的名字等可以换成家人的名字哦。对了!也可以将书适当的定一下价格哦。

# 第三章
## 充满珍贵回忆的
### 读书游戏

　　在我的童年时光中，最幸福的记忆之一就是跟爸爸一起逛书店。在我还不识字的时候，他就经常带我去书店，每次都让我挑一本书，然后他会耐心细致地给我讲书中的内容。通过这种方式买到的书是我的至宝，百看不厌，每次看完就会想象之后发生的故事。

　　因为有这样珍贵的回忆，所以我觉得读书是与孩子进行精神交流的一种重要的方式。

　　书不在于读了多少，即使只读一本书，通过各种读后活动带动孩子的想法和感受才是最重要的。十本书只读一次和一本书读十次，我认为后者会更能使孩子留下深刻的感动。

# 01 如果天上掉食物的话

如果天上掉食物会发生什么事情呢？果汁雨、土豆雪、汉堡包风暴等，光想象就让人开心的事如果真的发生了那该有多好呀！但是，这种开心的事情会不会从某一天开始成为了一种负担呢？那么，这次利用面粉糊让孩子尽情地展开想象吧！

**难易度**
★☆☆☆☆

### 准备材料

面粉，食用色素粉，保鲜袋，橡皮筋

### 制作过程

**① 制作面糊** 将面粉和水以1:1的比例调配均匀后，稍微煮一下。浓度可以根据个人喜好，再稀一点也可以。将食用色素粉加到调好的面糊里面，使其变成漂亮的颜色之后，将彩色面糊放入保鲜袋中，并用橡皮筋绑好备用。

**② 挤面糊袋子** 将各色的彩色面糊挤到事先画好的食物图案上面也可以，或者直接挤到白纸上也行。总之让孩子自己随意的发挥吧。

 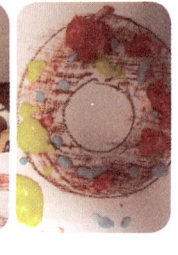

**Tip**

玩面糊的时候，跟孩子聊聊他希望天上掉下什么东西会很有趣呢？"如果天上掉下钱的话？""如果天上掉下玩具的话？""如果天上掉下作业的话？"等，以此来激发孩子的想象力。

③ 用手摸　面糊比较柔和，孩子们都非常想去用手来感触一下，所以不要因为怕清理而禁止他们的探知，开明的妈妈会让自己的孩子用手掌、手指尽情的感受和发挥想象玩耍的，不是吗？

### Tip

孩子们都比较喜欢拟声词，孩子挤面糊袋子的时候，会发"扑哧"等拟声词，听到后他们一定会非常高兴！

## 还可以这么玩

**游戏 1**　孩子们都很喜欢面糊。不仅是手，用整个身体玩的话，压力肯定能一扫而光。在地上铺一个大的垫子，往里面倒面糊后让孩子只穿着内裤在里面尽情的玩吧。

**游戏 2**　玩完面糊游戏后，不要急着去洗澡，可以领着孩子拿着粗毛笔和稀释了的红色、黄色、蓝色食用色素粉的纸杯一起进到卫生间，在卫生间的墙上画一幅壁画吧，这样一定会十分有趣的。

# 02 种彩虹

彩虹是气象中的一种光学现象,当太阳光照射到空气中的水滴时,会在天空上形成拱形的七彩光谱,从外至内分别是红、橙、黄、绿、靛、蓝、紫。而我则跟孩子试着用水彩染料做了一下像彩虹一样漂亮的花。

### 难易度

### 准备材料

水彩染料,线,各种蔬菜,纸,水性签字笔

### 制作过程

① 在线上沾上水彩染料后夹在对叠后的纸的中间,让孩子拉线的一头,这时妈妈要好好的按着纸哦。

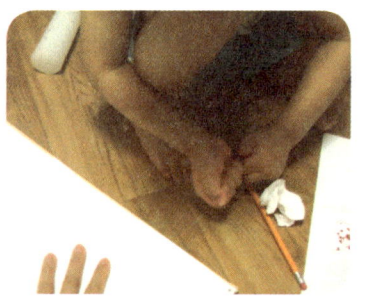

### Tip

拉线可以在一张纸上针对各种不同的染料进行多次。次数越多混杂在一起的颜色就越多,形成的图案就越神奇。也可以准备各种不同粗细的线沾上染料后让孩子拉一拉,试一下。

② 将土豆、圆葱、胡萝卜等切成一半后,利用切面做成想要的形状。准备几个铝箔盘子将各种的水彩染料稀释后,让孩子随意的沾上染料进行盖章。

③ 根据孩子的想象，让他在之前完成的作品上进行再创造吧。

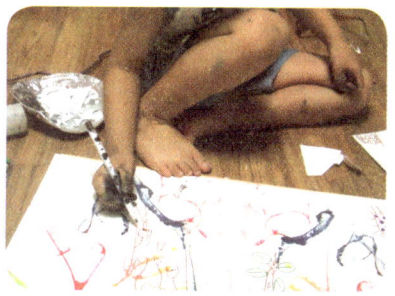

④ 等孩子创作完成后，可以一起讨论一下画的内容。

## Tip

切蔬菜的时候，一定要保持平面，要不然会影响盖章的效果呦！

**第三章 充满珍贵回忆的读书游戏**

### 还可以这么玩

**游戏 1**　将郊游时采的花夹在书本中进行按压，或在网上打印代表季节的花的图片，跟孩子一起进行整理，会让他们对花产生很浓厚的兴趣。

**游戏 2**　用花画一幅漂亮的画。把干燥的花粘在黑色的纸上，然后在上面画一幅与之匹配的画，做好后挂在孩子的房间里进行展示。黑色的背景更能衬托出花的颜色。

# 03 寻找靛蓝

美丽的靛蓝是天空和大海的颜色,象征着永恒,它是最炫的色彩,表现出一种美丽、冷静、理智、安详与广阔。现在让我们一起从自然中取得这漂亮的颜色吧。即使得不到想要的颜色,但起码能感受到在自然中获取颜色的充满真诚的过程。

**难易度**

**准备材料**
各种种类的花瓣

**制作过程**

① 收集各种种类和颜色的花瓣。领着孩子在小区附近转一转,会发现比想象中更多种类和颜色的花。

② 把收集来的花瓣放进容器中一种一种地捣碎。

**Tip**
我和孩子收集到了菊花、向日葵、牵牛花的花瓣。

**Tip**
在捣花瓣的时候房间里会充斥着花的芳香,可以跟孩子一起享受这美妙的芬芳。

③ 将捣花瓣时渗出的汁液各自收集起来。同种种类的花瓣量越多捣出的汁液就越多哦。

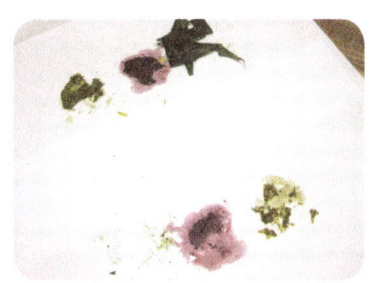

④ 用带颜色的汁液和捣好的花瓣来发挥想象力，快乐的画画吧。我们可以提前画好底画，然后用汁液上色，也可以用汁液和花瓣随意洒在白纸上后再画出联想到的图案。

第三章 充满珍贵回忆的读书游戏

还可以这么玩

告诉大家能迅速方便的染厨房毛巾的方法。在水中稀释食用色素染料或者用煮葡萄皮的方法做成带颜色的水。将厨房毛巾叠几次，一部分粘上染料水后再打开，打开后晾干就做成了漂亮的厨房毛巾了。

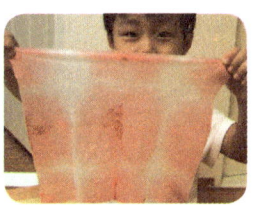

# 04 拿着勺子快快来

韩食简单、美味、营养均衡，现在在中国也是非常流行。妈妈可以和孩子一起，制作一些简单的面点，无论妈妈是否擅长做饭，关键是可以享受与孩子在一起的美好时光。

难易度

### 准备材料

粘土，面粉，油，食用色素颜料

### 制作过程

**1 制作饼模** 为了做出车轮饼的样子，提前一天用粘土制作了饼模。

**2 制作面团** 把面粉和水交给孩子，让他尽情的和面吧。加入一点孩子喜欢颜色的食用色素颜料的话，就能做出颜色漂亮的彩色面团了。

### Tip

跟孩子一起制作的时候，提前想象一下按压饼模后会做出什么形状的饼吧。而且还可以用家里的各种玩具当成饼模使用哦！

### Tip

和面的时候滴两三滴油在手上的话，面就不会太粘手了。

3 在饼上压花　做成圆形、方形或其他各种形状的饼后，用提前准备好的粘土饼模压下去。

4 将饼漂亮的摆盘　即使是不能吃的饼，但还是好看一点比较好吧？跟孩子一起好好装饰一下饼并摆盘吧。用剩下的面还可以跟孩子一起做面片儿哦。

第三章　充满珍贵回忆的读书游戏

## 还可以这么玩

**游戏 1**　利用糯米制作真实的饼吧！和面的阶段让孩子直接尝试着做的话他会觉得很有意思。让孩子把自己喜欢的葡萄干或者花生塞进面团里也是不错的哦。

**游戏 2**　跟孩子一起去观看在我国节日中上演的精彩演出吧！即使不是节日，去看看具有民族特色的表演也能感受到我们民族浓郁的韵律。

# 05 巧克力到此为止

在家里跟孩子一起尝试着做巧克力吧！这样他会明白，即使是很小的东西也是通过有条理的步骤制作出来的。把制作好的巧克力送给他的小朋友们，还可以让孩子感受到给予的快乐呢！

**难易度**
★★☆☆☆

### 准备材料

巧克力，蒸煮容器，巧克力模子，油纸，塑料包装纸和绳子

### 制作过程

**1 加热** 即使家里没有蒸煮容器，在大的碗中倒入热水，再将巧克力放入小容器后，浸泡在热水中，巧克力也会马上融化。

**Tip**

提前将巧克力切成小块，那样便于融化。

**2 装点** 把融化了的巧克力用勺子分配到油纸上，再用事先准备的材料装点一下表面即可。

**Tip**

就算制作的巧克力不成形也没关系，让孩子自己尝试着做吧！

③ 干燥　将装点好的巧克力放在阴凉的地方，大约三十分钟左右巧克力就会干了。

 Tip

　　每隔一段时间可以用筷子插一下，让孩子观察干燥的过程。

④ 包装　等巧克力干透后，把它们放进漂亮的包装袋里，然后用丝带绑好或用盒子包装好，这样就大功告成了。

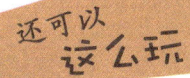
还可以这么玩

**游戏 1**　把做好的巧克力送给朋友。买一些孩子们喜欢的漂亮贴纸，再加上装饰卡，这样进行包装的话，是不是瞬间就变成很棒的礼物啦？

**游戏 2**　试着做一下巧克力火锅吧。准备棉花糖、草莓、猕猴桃、面包、香肠等食材，用长的木签将准备好的食材一个一个地串好后，稍微沾一下融化的巧克力，如果有杏仁粉可以再沾一些。

第三章　充满珍贵回忆的读书游戏

## 06 开花啦

从美丽的花中得到了灵感，打算制作花饼。不把食用色素颜料加到面糊里调色，而是直接从大自然中采集颜色会有什么效果呢？可能不会太鲜艳，但却能发出柔和的色泽。

**难易度**

### 准备材料

面粉，胡萝卜汁（染成橙黄色），绿茶粉末（染成绿色），黄土粉末（染成黄土色），蛋黄（染成黄色），各色花瓣

### 制作过程

① 到小区附近散步时，找找我们周围的花，闻一闻花香吧。

② 将胡萝卜榨成汁，另外准备绿茶粉末、黄土粉末。将鸡蛋煮熟后，把蛋黄单独取出来。然后将面粉和成面团。

**Tip**

滴两滴橄榄油在手上，可以防止和面的时候面团粘手。

③ 把面团分成几块，将其与提前准备的天然染色材料混合。再将混合好的面团切成适当的大小后压扁，最后用提前准备的花在上面进行修饰。

**Tip**

将做好后的花饼与加入颜料制作的花饼做个比较。虽然没有加入染料制作而成的花饼颜色鲜艳，但纯自然颜色的花饼是不是更加柔和呢？

第三章 充满珍贵回忆的读书游戏

**还可以这么玩**

孩子洗澡的时候在浴缸里放入一些花瓣的话会怎么样呢？因为在制作花饼时正好剩下两朵玫瑰花，所以就在小浴缸弄出了一些情调，准备给孩子洗一个玫瑰花浴。虽然最后花瓣被我们弄得乱糟糟的，但我和孩子都觉得很开心。

# 07 长长的火车

火车铁路游戏想必是孩子们都喜欢的游戏。现在介绍一个简单好玩的火车铁路游戏，只要有一个滚筒刷，就能玩上一天呦，赶快准备一张足够大的纸，痛快的画一下吧。

**难易度**
★★☆☆☆

 **准备材料**

滚筒刷，毛毡，魔术贴，纸张，铝箔纸托盘，颜料

 **制作过程**

### Tip

比起毛毡，将剪好的魔术贴粘在滚筒刷上的话，能够做出更多样式花纹的铁路。

**1** 在滚筒刷上粘上剪好的毛毡贴或者魔术贴。锯齿或者圆圈形状的图案可以画出意想不到的铁路效果哦。

❷ 滚筒刷做好后让孩子选择自己喜欢颜色的颜料，把颜料倒到铝箔纸托盘里，和孩子一起想象一下能够刷出怎样的图案，然后让孩子亲手试一试吧。

**Tip**

周末带着孩子兜兜风，去看一看真正的火车铁路究竟是什么样子的，您觉得如何呢？

第三章 充满珍贵回忆的读书游戏

❸ 可以拿出玩具车，在车轮上沾上颜料，让孩子在纸上滚一滚。

❹ 玩完滚筒刷游戏后，可以让孩子在画好的车轮印或者铁路的周边画出自己想象的图案。可以把孩子画出来的汽车或者火车剪下来，让它在铁路上跑一跑，然后让孩子给自己的画起一个名字。

# 08 珍妮的帽子

有一次我和孩子画画,意外的我们发明出一种新的绘画方法,并且我们打算用这种方法做一件衣服,而且还要用漂亮的花朵和图案装扮出一顶只属于我们自己的帽子。大家赶快按照我们的新方法尝试一下吧。

**难易度**
★★☆☆☆

**Tip**
如果经常使用颜料的话,购买大包装的颜料比较划算呦。

**准备材料**

颜色纸和白纸,颜料,杂志

**制作过程**

① 在纸上挤出各种颜色的颜料,再把纸张对折后使劲碾压。压的时候颜料会随着碾压方向的不同,展现出各种不同的美丽图案。

② 等颜料干了以后,根据衣服或帽子的形状裁剪纸张。用彩色纸剪出人脸的形状贴在白纸上,然后给她们穿上剪好的衣服和帽子。

③ 让孩子在日常收集的杂志或优惠券里选择可以用来装扮帽子的漂亮图案吧。

④ 把孩子选出来的图案剪出来，制作出属于自己独一无二的帽子吧。

**Tip**

我家孩子做的是家电用品帽子。用电熨斗、洗衣机装扮帽子后，自己高兴得手舞足蹈呢。

第三章 充满珍贵回忆的读书游戏

还可以这么玩

教您制作学士帽。在硬纸板上粘贴黑色的纸，然后根据孩子的头部尺寸将黑色的纸卷成圆桶形，然后用透明胶纸把做好的圆桶与硬纸板固定在一起，再用锥子在硬纸板的一角钻出一个可系上流苏的孔，系上流苏即可。

在孩子上幼儿园期间或者长大一岁时，把您亲手制作的学士帽作为奖励送给他，孩子带上妈妈亲手制作的学士帽一定会非常骄傲的。

# 09 超现实主义画风

让我们来画一个超现实主义的画吧。提前通过书、网络或者画展给孩子看一下超现实主义作品的话应该能让这个活动变得更加充实。

**难易度**
★☆☆☆☆

### 准备材料

彩色纸，白纸，签字笔

### 制作过程

① 剪出一个门的形状，然后在背面粘上白纸。让孩子画出通过镜子的那扇门，会有怎样的一个梦幻世界。

② 在超现实主义图画作品中选择一张孩子喜欢的作品，我的孩子选择了一个叫里内马格利特的画家的作品。

③ 画一个树木的背景，根据树杆的线条划出口子，人的图片可以另外画好后剪下来。

④ 在树与背景之间夹上人物图片，做出混乱有趣的画吧。

### Tip

我家孩子形容自己画的画，说道："家里有大鹅在东走西窜，门上种着粉红色的树，结着眼镜果实的大树旁边堆着很多眼镜，这里是为神奇校车中的阿娜准备的世界"。

### Tip

在网上打出"超现实主义"的字样，会得到很多相关信息哦。

# 10 昨天、今天、明天

今天让我们和孩子一起做一个"记录今天"的活动吧。过了若干年后,当孩子看到自己记录下的内容时,会不会觉得很有趣呢?因为是童年时期的回忆,所以即使是记录平凡的日常生活也是很有意义的。

第三章 充满珍贵回忆的读书游戏

### 准备材料
各种颜色的图画纸,花边剪刀,花样打孔器

### 难易度
★★☆☆☆

### 制作过程

1. 选择两张孩子喜欢颜色的彩色图画纸,做成一个两层的信封。然后用花边剪刀稍微剪掉外面一层信封的封口,这样的话信封外面那层的封口会比里面那层信封封口稍短一些,可以露出里面信封的颜色。

### Tip
用花样打孔器在外层信封表面打出各种图案,会做出更漂亮的信封。

## Tip

最好准备厚一点的白色图画纸，这样孩子在穿纸的时候就会比较容易。

② 先把黑色图画纸剪掉一半，并在两个长边的一侧各划出一列长方形的小口子，然后将剪成细条的白色图画纸从小口中穿过。按照同样的方法多做几张，将它们拼接在一起，就做成了"黑色胶卷"。

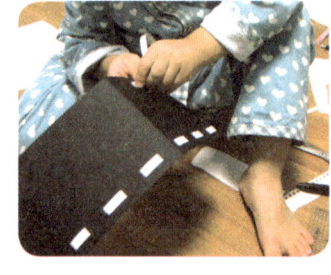

## Tip

给孩子看看真正的胶卷是什么样子的，然后将它们与自己做的比较一下。把胶卷在灯光下照一下，并让孩子透过胶卷看一看，孩子会觉得非常神奇的。

③ 在做好的黑色胶卷上粘上白纸，在白纸上写或者画出想珍藏的美好记忆。可以记录幼儿园里的日常生活，也可以写上好朋友的名字，以及他们的优点。

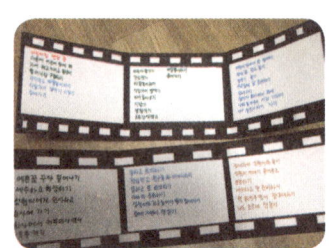

④ 把做好的记忆胶卷放进信封里好好珍藏起来吧。

还可以这么玩

孩子上幼儿园的时候，偷偷在他的书包里塞一封信吧，孩子会因为妈妈的意外礼物而高兴一整天的。还可以把孩子的信偷偷放进爸爸的钱包里，说不定爸爸会加快下班回家的步伐呢。

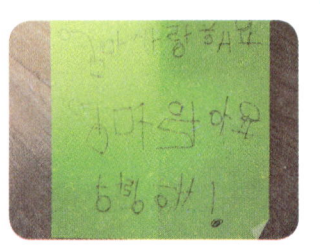

# 11 制做老奶奶纸偶

我们来做个有立体感的老奶奶纸偶吧,在制作的过程中最重要的是让孩子自己动手做。不要用成人的眼光去评价孩子的作品,因为无论做成的效果如何,制作的目的都是要起到培养孩子动手能力的作用。

## 准备材料

宣纸,棉花,各种颜色的图画纸

难易度
★★☆☆☆

## 制作过程

1. 将宣纸剪成喜欢的样子。如果宣纸比较薄,不容易剪,也可以在宣纸上粘上一层纸板。最好可以提前在宣纸上画出老奶奶的模样,然后用手去撕之前画好的老奶奶。

2. 在撕好的老奶奶头的位置粘上白色棉花,做成老奶奶的头发,再在脸部位置画出老奶奶的眼镜、鼻子和嘴巴。

### Tip

在撕宣纸的过程中,可以让孩子比较一下撕宣纸的感觉与撕图画纸或纸板的感觉有什么不同。

### Tip

在酸奶瓶或者鸡蛋上粘上宣纸,这样能做出有立体感的老奶奶啦。

第三章 充满珍贵回忆的读书游戏

③ 用不同颜色的图画纸做出老奶奶的围脖和围裙,并用透明胶带固定上。

④ 用做好的老奶奶和孩子一起玩角色扮演的游戏吧!玩完以后一定要好好将玩具保管起来呦!

在国外演出的作品中,我们所熟知的有胡桃夹子。看过胡桃夹子演出后让我们来动手做一个牵线木偶吧。准备厚的硬纸板和两脚钉后,在硬纸板上画出木偶的脸部、身体、腿、胳膊和手。木偶的关节位用打孔器打出孔后,用两脚钉固定即可。木偶的各位关节都组装完毕后,就大功告成了。

# 12 被金枪鱼吃掉

大自然有自己的生存法则——食物链,每种动物都按照这条法则生存、捕食猎物或逃避天敌。今天我们就和孩子一起制作人偶和动物的形象,然后按照食物链的法则玩一把捕猎游戏吧。

## 准备材料

硬纸板,彩色笔,魔术贴

### 难易度
★★☆☆☆

## 制作过程

① 画出端着盘子的卡通人偶、金枪鱼、鳗鱼、浮游生物、浮游植物,然后在它们的前后都粘上魔术贴。

② 在画好的卡通人偶背面画上因为没有食物而哭泣的人偶。

③ 用准备好的卡通人偶和孩子一起玩人偶剧吧。不一定非要按照食物链的法则玩游戏,可以让孩子尽情地玩。

④ 如右图所示,就是按照食物链的顺序排列粘贴的样子。

### Tip

如果画画有难度的话,可以在书中找一找自己需要的图案并复印裁剪下来后进行覆膜。

**游戏 1**

跟孩子一起玩食材创意游戏怎么样呢？用食材做出想象中的东西，孩子的创意能力会不会得到激发呢？用面包做出人脸的游戏就是一个利用面包和家里的其他食材做出人脸的极其有趣的游戏。我们可以把做成脸庞的面包放在盘子里，用五花菜或面条做成人的头发，再用圣女果做成眼睛，桃子做成鼻子，胡萝卜或苹果块做成嘴，芝士条做成胡须。

**游戏 2**

用面包做一只小胖猪，怎么样？把碾碎的土豆铺在盘子里充当小猪的身体，再用冰淇淋的蛋卷、香肠、熟鸡蛋、坚果、巧克力、西兰花等各种食材相互搭配就可以做成小胖猪了。

**游戏 3**

男孩子一般都喜欢汽车，所以做个汽车面包送给他们，他们一定会很高兴的。将蔬菜和熟鸡蛋切碎后，搅拌到碾碎的土豆里。再把面包掏空，把刚才拌好的蔬菜土豆泥放进去。最后用各种材料把面包装饰成汽车的样子吧。这个过程中可以利用牙签进行固定。

**游戏 4**

和孩子一起制作一个蛋糕吧。首先准备面包（或者蛋糕）、什锦水果罐头、彩色巧克力豆、生奶油等。把大量的奶油抹在面包（或者蛋糕）上，然后用什锦水果罐头和彩色巧克力豆来装扮蛋糕的表面。虽然制作之前的准备工作很繁琐，但是一旦和孩子动手制作起来的话，您会发现你们都沉浸在这种亲子游戏的快乐之中，时间也会过得飞快的。

# 13 雨伞

下雨是再常见不过的自然现象了，下雨要打伞这是大家都知道的事，下面让我们用家里现成的小物品来做一把漂亮的雨伞吧！这个雨伞虽然不能打开，但光看着就会让人心情愉悦的。

 **准备材料**

各色指甲油，黑色油性签字笔，铁丝衣挂，透明胶片，彩色绒球

**制作过程**

① 把铁丝衣挂弯曲成雨伞状，然后用透明胶带把透明胶片贴在上面。

② 先用黑色油性签字笔在透明胶片上画上图案后，再用各色指甲油给图案上色。

**难易度**
★☆☆☆☆

**Tip**

可以使用丙烯颜料来代替指甲油，也会呈现出相同的效果。

③ 画好的雨伞晾干后，用彩色绒球或贴纸进行装扮。

④ 干透后，可以当成拐杖拄一拄，也可以当成雨伞打一打。

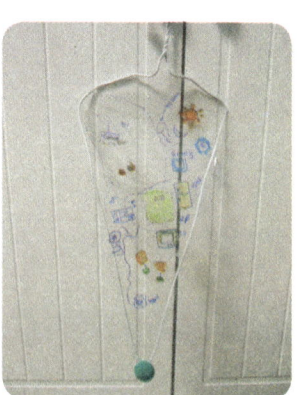
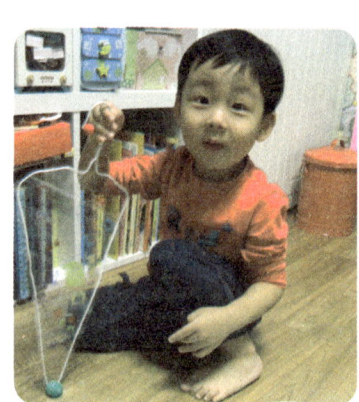

还可以这么玩

| 游戏 1 | 和孩子在看没有字的画册或图案时，可以想象书中人物的对话，试着给他们加上对话气球也会很有意思。可以利用便条纸把他们说的话粘贴在书上，这样也比较容易拿下来哦。 |

| 游戏 2 | 用油纸制作雨伞，然后用各种笔装扮一下吧。还可以在刮风天在外面打一下这把雨伞，虽然会有点摇摇晃晃，但还是很有意思的。 |

| 游戏 3 | 让孩子在塑料雨伞上用油性签字笔随意的画出自己喜欢的图案吧。 |

# 14 纬线经线

万物都有自己的成长规律，植物的生根发芽、枝繁叶茂、开花结果是一个轮回。这回我们用迷你书重现一下从种棉花籽开始，到收获棉花，然后用收获的棉花纺成丝线的过程吧。这能让孩子体会到我们穿的衣服是通过多么辛苦的过程做成的。

### 准备材料
白纸，彩色纸，种子，棉花

### 制作过程

- 利用订书器制作一个简单的迷你书，然后在封面上写上书名。
- 现在人们都习惯买成品服饰而不是自己做衣服了，针对这个问题，可以和孩子一起讨论一下，让孩子说一下自己的想法。

### Tip
在每一页加一个卡通人物，来演说制作过程如何呢？我的孩子在每一页都加了一只漂亮的蝴蝶。

> **Tip**
>
> 比较一下各种种子吧。我给孩子粘上的是西兰花种子。

3. 先把种子粘在纸上，然后把褐色彩色纸贴到种子上面当做土壤。再画上蝴蝶和喷壶的样子。

> **Tip**
>
> 用玻璃纸、碎布等可回收利用的物品来装饰一下页面吧。

4. 在下一页，用彩色纸做一朵花粘上去吧。

5. 用彩色纸做一颗果实粘上去，然后给孩子讲花儿谢了会结出果实的道理。

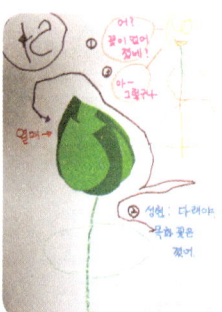

6. 粘上一些真棉花代表成熟的棉花果实，感触到真正的实物，孩子会非常兴奋的。

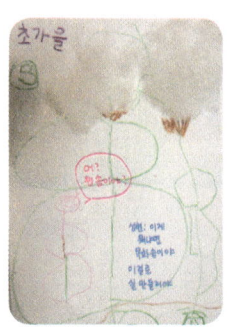

⑦ 选两张不同颜色的彩色纸剪成长条，把它们编起来当做纬线和经线，这样很容易就能理解织布的原理了。

### Tip

编彩纸的时候，可以让孩子自己动手操作，同时可以告诉孩子这跟编竹筐的原理是一样的。

⑧ 可以画一下织布机或者是孩子印象深刻的器具。

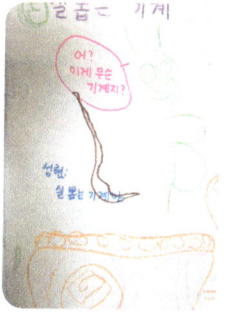

## 还可以这么玩

下面介绍一下利用布料专用颜料制作一件漂亮T恤的方法。布料专用颜料在大一些的文化用品商店就可以买到。

**游戏 1**　用版画做一件T恤。首先，用橡胶板做一个版画，因为比较危险，所以最好是孩子画图案，由妈妈来刻。做好后利用滚刷把布料专用颜料涂抹在橡胶板上。然后，把橡胶板印在白色的纯棉T恤上，颜色不明显的地方可以用毛笔补一下色。最后，用吹风机吹干后，放在阴凉处晾晒2～3天就可以了。

**游戏 2**　也可以先在纸上画出草图，然后利用草图在T恤上用布料专用颜料直接画上去。之后的步骤和用版画做T恤是一样的，只不过直接画要比刻像胶板方便一些，但是这样的T恤效果也就不及刻板好啦！

# 15 毛毛的报纸出来啦

报纸是我们日常生活中再常见不过的东西了，但报纸是如何被制作出来的呢？某天我和孩子就按照从新闻取材到制作报纸的过程，做出了一份迷你报纸哦！这样孩子就能理解报纸制作的过程。

难易度
★★☆☆☆

### 准备材料
纸，各种笔，当做新闻的图片

### 制作过程

① 像新闻记者一样在孩子的胳膊上戴上袖标，脖子上挂上记者证。

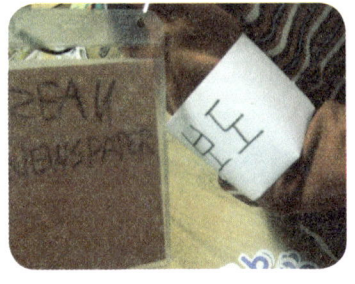

② 还可以用拼插积木做成相机照照相，用玩具电脑打打字。

**Tip**

仔细的给孩子讲讲新闻记者从事的是什么样的工作。再给孩子看看新闻里出现的记者们都是怎样充满热情地采访的。

③ 用活字印刷术印刷报纸时需要使用铅字板。我们可以利用家里的单词卡片做一个铅字板。

**Tip**

跟孩子一起打开报纸，观察一下报纸的组成要素吧。

第三章 充满珍贵回忆的读书游戏

④ 打印一些孩子的照片，做一份迷你报纸吧。我们把亲戚到家里来玩的事情做成了新闻，其实这种生活中经常发生的事也可以变成很棒的新闻呢。

还可以这么玩

在假期即将结束之际，用报纸来记录一下假期的点点滴滴您觉得如何呢？和孩子商量之后，我们开始行动起来。不要太被现实中的报纸形式所束缚，即使是以记录为重点形式的报纸，孩子也会开心和积极地投入其中的。过了若干年后，再回头看看这样的报纸，会觉得非常有意思的。

77

# 16 垃圾车来啦

随着地球变暖和环境污染等问题越来越严重,环境保护越来越被人类所重视,生活垃圾的处理就是环境保护重要的一环。我觉得应该从小培养孩子分类回收垃圾和回收利用的习惯,所以试着做了相关的玩具。特别是玩分类回收游戏时,其中还包含了数学概念"分类",所以又起到了很好的学习效果。

难易度 ★★★☆☆

### 准备材料
硬纸板,透明胶片,两脚钉

### 制作过程

① 画一辆垃圾车。因为要装垃圾,所以把透明胶片剪成垃圾车高度一半的大小,用透明胶带固定在车的下半部。装垃圾的后车门可以利用两脚钉进行固定,使其能够灵活开关。

❷ 画一些垃圾的图片。也可以通过网络打印或者复印的方式。

> **Tip**
> 因为要玩的是垃圾分类处理游戏，所以最好是画一些食品、瓶子、纸、塑料等容易进行分类的垃圾。

❸ 做一个垃圾分类处理箱。除了垃圾箱入口，其余部分都粘上胶带，但为了便于取出垃圾一定要贴的松一些，而且粘贴时要区分各个垃圾桶的种类。

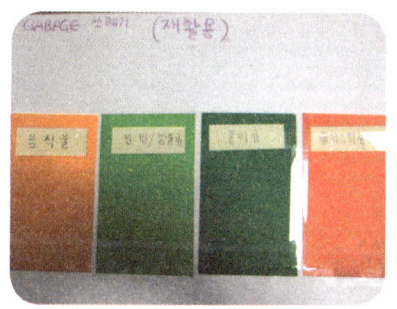

❹ 和孩子一起玩有趣的回收利用游戏吧，也可以让孩子自己做一个垃圾车。

> **Tip**
> 我让我家孩子自己动手做垃圾车，结果他把两脚钉按在了车身的上方，让车门是向上开启的了。

第三章 充满珍贵回忆的读书游戏

## 还可以这么玩

**游戏 1** 和孩子一起讨论一下分类回收后的垃圾是怎样被利用的。我们身边经常能看到回收再利用的东西，让孩子找一找也会很有趣哦。

**游戏 2** 如果是喜欢汽车的孩子，可以让他做一个加油站。选一个孩子喜欢的童话书，照书里的图案画出来就可以了。制作的时候我把蹦蹦车系列里的主人公和百科全书里的加油站当作参

照物。首先画一个加油站，然后用线连接加油站的输油设备，另外再制作收银台和钱。再画一辆可爱的红色汽车，车门要做成能打开的样子。考虑到加油站会缺油，再做一个油罐车，做好后就可以跟孩子一起开心的玩啦。

**游戏 3** 用回收物品做一个举重选手您觉得怎么样？首先准备纸巾盒、空瓶盖两个、一次性筷子、两脚钉、孩子的照片。举重选手的头可以贴上孩子的头像的照片，举重选手的腿关节全部用两脚钉连接起来。一次性筷子

的两端与空瓶盖固定，再取另一根一次性筷子，将它粘贴在举重选手的后背上，纸巾盒上打个孔后插上一次性筷子。在箱子里面上下拉拽筷子举重选手也会一起动哦。

**游戏 4** 准备一些吸管、线、彩色纸。把彩色纸剪成花朵的形状，吸管以5cm为单位剪断，然后用线连接彩色纸做成的花和吸管，将它们做成项链，是不是很好看呢？

# 17 我们的小区

把我们每天来回走过的街道通过孩子的视角和感受拍成照片会怎么样呢？虽然每天都走同样的路、每天都看同一片天空，但用孩子的眼睛望过去可能就是另一个不同的世界。把相机交给孩子，和孩子一起出发吧！

**第三章 充满珍贵回忆的读书游戏**

### 难易度

★★★☆☆

### 准备材料
数码相机

### 制作过程

1. 和孩子一起在家里的小区散散步吧，让孩子拍下自己喜欢的景象。蓝天、大地、建筑物、小石头什么都可以。如果孩子还有其他特别喜欢的地方，也可以一起去看一看，拍一拍。

### Tip

以孩子的视角看到的小区景象真让我觉得新鲜。那一天，我们发现了鸟巢，都觉得非常开心。

② 把孩子照下来的照片以小一点的尺寸打印出来，再像拍立得照片一样贴在白纸上。

### Tip
让孩子给每张照片起个名字吧！

③ 把做好的拍立得照片贴到笔记本上，并进行整理。可以想象一下我们的小区在宇宙里，然后画一幅想象图。

### Tip
我看到一张写着"紫菜包饭死后去的地方"的照片，一看原来是"紫菜包饭天国"。通过这些能欣赏到孩子们活跃的语言表达能力哦。

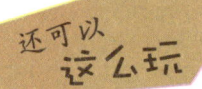

新闻偶尔会报道某些小区的儿童游乐场的卫生状况不达标、危险等新闻。那就和孩子一起调查一下我们小区儿童游乐场的现状吧！首先跟孩子一起想一想小区游乐场里最好玩的、最不方便的、最危险的、最脏的地方都是哪里，然后用翻翻书的形式展现出以上的问题。

# 第四章
## 隐藏在生活中的
### 科学游戏

　　大多数的妈妈们最头疼的想必就是科学试验游戏了，但其实最容易做的也是科学实验游戏。

　　我跟孩子最初做的科学实验游戏是用吸管吹杯中的水。您可能会说"哎呀，那算什么科学实验游戏呀？"其实我认为掌握科学原理并不是游戏的目标，培养孩子的一份好奇，并愿意亲身去体验的心态，不就是一种成功吗？

# 01 火山游戏

在我们的日常生活中,您有过意外的接触到让您难以解释的科学现象吗?比如爆米花的原理、把干冰放在水中出现现象的原理、饭做熟的原理等。对于这些现象,就算不知道准确的原理也没关系,其实跟孩子一起问"为什么?"的过程,就能将孩子培养成充满好奇心的小小科学家。下面给您介绍一个能让孩子目瞪口呆的简单的科学实验游戏——火山游戏。

难易度
★☆☆☆☆

### 准备材料

酸奶,粘土,苏打,醋,盘子

### 制作过程

① 在酸奶瓶外侧沾上粘土做成山的形状。为了不让"火山"喷发出的"岩浆"四溅,弄脏四周,在"火山"下面可以沾上一个水果盘。

### Tip

地底的岩浆从地壳的裂缝中喷出的现象就是火山喷发。岩浆是岩石融化后形成的液体。

② 在酸奶瓶中放入一勺苏打。

③ 然后，向酸奶瓶中慢慢的倒入一点醋，这时"火山"就会发出"咕嘟咕嘟"的声音并涌出泡沫"岩浆"了。

**Tip**
跟孩子玩着玩着就会不知不觉用光一瓶醋。所以一定要多多的准备醋呀。

④ 如果想表现出红色的"岩浆"，可以在醋中加入红色颜料或红色的食用色素粉。

**Tip**
在醋中加入番茄酱也可以，但缺点是会使"火山的四周"变得很脏。

**还可以这么玩**

**游戏 1**　用蜡笔表现火山：用蜡笔表现一下火山的火花吧。利用各种颜色的蜡笔按照马赛克形状画好底色后，在上面用黑色蜡笔涂盖。然后用细的笔画画的话黑色的蜡笔色会掉落，露出下面漂亮的彩色蜡笔颜色。让孩子尽情的发挥吧。

**游戏 2**　用丙烯颜料表现火山：用丙烯颜料表现火山的方法与用蜡笔表现的方法差不多。具体做法是在宣传册或者书的封面等有涂层的纸上涂上黑色的丙烯颜料。等丙烯颜料干透后，用细的笔画画，在画的过程中黑色丙烯颜料色会掉落，就能看见背景漂亮的颜色了。

第四章　隐藏在生活中的科学游戏

85

## 02 用杯子进行乐器演奏

孩子小的时候,厨房的所有器皿和锅具都曾经是他玩耍的乐器。我经常会给孩子一根筷子,让他随便敲打,粗重的声音、轻快的声音、高的声音、低的声音,所有的物体各自发出不同的声音,这让孩子

觉得非常神奇。后来,我们打算按照曾经在电视里看过的"用玻璃杯奏乐"的方式照着做一次。我还记得因为当时敲打杯子所传出的美妙声音给孩子留下了太深的印象,使他每次去饭店看到水杯都会拿起筷子敲打呢。

### 难易度
★☆☆☆☆

### 准备材料
几个玻璃杯,筷子,水

### 制作过程
1. 在水杯中倒入不同高度的水。

### Tip
这种演奏的方式是利用了共振的原理。杯中的水多的话杯子发出的声音低,水少的话杯子发出的声音高。

② 先跟孩子想想哪个杯子会发出高音。

③ 给孩子一根筷子，让孩子尽情的演奏。

④ 可以和孩子一起做猜声音的游戏，让孩子闭上眼睛，您随意地敲打一个杯子，让孩子仔细聆听，然后猜一猜是哪个杯子发出的声音。

## Tip

用保鲜膜封住塑料杯的杯口，然后用橡皮筋绑好后，在绷紧的保鲜膜上面放上几粒米。然后用筷子像敲鼓一样敲打保鲜膜，会发现保鲜膜上的米粒会随着敲击的节奏上下跳动，这是鼓声引起了保鲜膜震动形成的现象。

## 宝贝仓库

偶尔去看看音乐会或者听听音乐家的现场演奏会给孩子留下深刻的记忆。如果孩子太小，没有能去的古典音乐会的话，也可以让他了解一下社区或者学校礼堂的现场表演也可以。

# 03 静电游戏

上学的时候,大家都可能有这样的回忆,就是拿塑料格尺在衣服上使劲儿摩擦,然后贴近头发,头发会一根一根地"站立"起来。还有在脱外套或是毛衣的时候,衣服会发出"啪啪"的声音,这些现象形成的原因都是因为起了静电。天冷不愿意外出时,回忆着学生时期的快乐经历,跟孩子一起玩一玩静电游戏,您觉得怎么样呢?

**难易度**
★☆☆☆☆

**准备材料**

彩色玻璃纸,气球,图画纸

**制作过程**

① 将气球吹起来,然后把图画纸卷成圆锥形,用胶带贴在气球下面,这样就做成了一个漂亮的气球蛋卷冰淇淋啦。

**Tip**
用卫生纸代替玻璃纸也可以。

② 将彩色玻璃纸剪成小碎片,放在盒子里,再让气球在盒子里来回滚动。

③ 由于产生静电，可以看到玻璃纸都粘在了气球上。

 Tip

使劲儿摩擦塑料梳子后，让它慢慢的靠近流水附近，会发现水流会弯曲。

第四章 隐藏在生活中的科学游戏

### 还可以这么玩

再介绍几个能用剩下的玻璃纸玩的游戏吧。

**游戏 1** 制作玻璃纸眼镜：根据孩子的脸型和喜好，用硬纸板制作眼镜的镜架，然后粘上剩下的玻璃纸就可以了。

**游戏 2** 制作望远镜：用玻璃纸包好厨房纸巾的桶形硬纸芯，用橡皮筋绑好就变成超级简单的望远镜了。用手电筒透过望远镜照的话还能发出颜色漂亮的光呢。

**游戏 3** 使三原色重叠：将图画纸剪成圆形，在中间剪一个小孔。然后将三种颜色的玻璃纸重叠放在剪好孔的图画纸上，关掉灯后用手电筒照一照试看。可以观察互相重叠后颜色会发生怎样的变化。

## 04 吸管游戏

您知道一根吸管就能变成一个很好的玩具吗？我们小时候是不是也常常用喝饮料的吸管玩吹气泡的游戏呢？那么让我们伴着童年愉快的回忆一起开始玩吸管游戏吧！

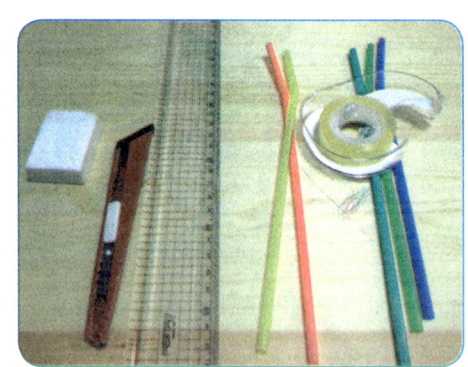

### 难易度

### 准备材料
几个吸管，胶枪，发泡胶板，彩色纸，纸杯，图钉

### 制作过程

1. **吸管风车** 在一个纸杯上用彩色纸做出门和窗户。在另一个纸杯上用图钉固定好两管交叉的吸管。在制作的过程中，会发现使用粗的奶茶吸管才有用图钉固定的余地。透过纸杯凸出的图钉可以用橡皮块进行固定。

② **吸管铁环**　在用完的胶带硬纸芯内粘上一个漂亮的松鼠图片，然后用吸管吹动胶带芯转动。

③ **用吸管吸水**　准备一个漏孔的吸管和两个正常吸管，然后进行吸水的各种试验吧。

### Tip

用一根吸管吸、用两根吸管吸、用漏孔的吸管吸等，可以做很多试验。通过试验会明白漏孔的吸管因为一直有空气进入，所以不太容易吸到水。

## 05 空气的阻力

当我们扔一个玩具时,会发现玩具"嗖"地就飞出了。但当我们扔一张纸时,会发现纸在空中"扑棱扑棱"来回飘荡,最后轻轻地落在地上。您跟孩子讨论过为什么会出现这种现象吗?那就让我们一边做试验一边探索其中的奥秘吧!这也是一个很棒的科学实验游戏哦!

### 难易度

### 准备材料

羽毛,小玩具,彩色纸,夹子,酸奶瓶,吸管,细绳

### 制作过程

1. 拿起家里的任意物品,让它和一片羽毛在同一高度同时掉落。因为空气的阻力,羽毛会掉的更慢一些。

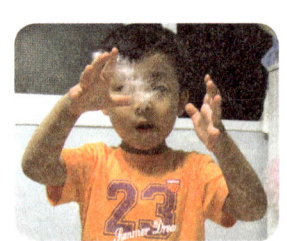

2. 把纸剪成螺旋状,在纸的低端夹上一个夹子,然后让它从高处掉落,您会发现它会画着圈的掉下来。这样就会自然的了解到空气的阻力了。

③ **制作蝴蝶** 用刀将酸奶瓶的底部裁掉。将两根吸管剪成同样长度后,将其从酸奶瓶的中间穿过并对称地固定在酸奶瓶内侧。再剪下彩色纸做成蝴蝶的翅膀,进行修饰后固定在酸奶瓶上。

④ 将细绳从酸奶瓶底部一根吸管的一头穿入,另一头穿出;接着将细绳从酸奶瓶顶部另一根吸管的一头穿入,另一头穿出。这样细绳的两头均在酸奶瓶的底部了。将酸奶瓶顶部连接两根吸管的细绳挂在门把手上,让孩子两手分别拿着细绳的两端,当孩子展开双臂拉绳子时,蝴蝶就会向上爬,越使劲拉速度就越快,慢慢地拉速度就会变慢。

可以简单试验一下惯性法则。在杯子上放一张卡片,卡片上面放一枚硬币之后,让孩子使劲抽出卡片,会发现硬币会掉在杯子里。当孩子慢慢地抽出卡片,硬币则会随着卡片慢慢移动,不会掉在杯子里。

# 06 水漏游戏

很久以前，我们的祖先是怎么确定时间的呢？现代人把每一分每一秒都看的非常重要，如果没办法确定时间，我们肯定会受不了的吧？在祖先利用智慧创造出的发明中最具代表性的就是日晷仪和水漏了。那么下面介绍一下制作简易水漏的方法吧！

### 难易度
★☆☆☆☆

### 准备材料
塑料瓶，水

### 制作过程

① 将塑料瓶上面的 1/3 剪下来，在瓶盖上钻一个小孔后，将其倒过来放在余下的 2/3 的瓶子里。

② 然后向制作的塑料瓶里倒满水，然后确认一下水全部流下去需要多长时间。

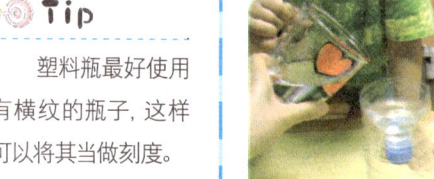

### Tip
在盖子上钻孔时，可以用钉子扎或者用锥子戳。

### Tip
塑料瓶最好使用有横纹的瓶子，这样可以将其当做刻度。

③ 如果水流的很慢，可以引导孩子想一想，是不是该把孔钻的大一点。

**Tip**
告诉孩子在很久以前没有钟表的时候，祖先们就是用这种方法预测时间的。

④ 结束观察后，剪下的1/3塑料瓶可以变成防毒面具呢。

**Tip**
将使用完的水漏放在外面还可以变成雨量计呢。

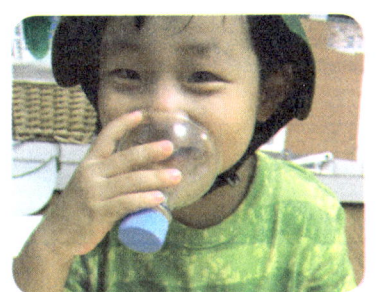

第四章 隐藏在生活中的科学游戏

## 还可以这么玩

用塑料瓶做一个漂亮的储蓄罐怎么样？跟孩子一起做还能让他养成储蓄的好习惯呢！

**游戏1** 在塑料瓶上用刻刀做出一个硬币投入口，再用颜料好好地装饰一下塑料瓶，可以让孩子发挥想象做出自己喜欢的样子。

**游戏2** 可以用四个瓶盖，将它们固定在塑料瓶上的话。是不是就可以做出一个漂亮的储蓄罐小车了呢？

# 07 热传导游戏

喂孩子喝粥、吃米饭等热的食物的时候，妈妈们一定会使用木头勺子吧？因为木头勺子导热的速度比其他材质的勺子慢，不会烫伤孩子稚嫩的小嘴。那么让我们做一个热传导游戏，来让孩子了解一下不同材质的勺子的热传导速度也是不同的吧。

### 难易度

### 准备材料

热水，铁勺子，塑料勺子，木头勺子

### 制作过程

① 将铁、塑料和木头材质做成的勺子放入热水中，让孩子亲身体验一下哪一种材质的勺子加热最快。

② 将不同材质的勺子放入热水中，等待几分钟后拿出来让孩子摸一下。

③ 让孩子按照加热的快慢顺序说一下,然后一起讨论为什么会这样。得出结论后,与孩子一起在家里找找哪些东西是利用了热传导的原理工作的。

还可以这么玩

随着实验的深入,引导孩子去发现在加热或冷却时,有些东西的体积是会发生变化的。我们可以在塑料瓶中放入水,并用笔做好标记后,将它放入冰箱进行冷冻,等塑料瓶中的水完全变成冰之后,可以确认体积增减的变化。

第四章 隐藏在生活中的科学游戏

## 08 利用水的游戏

小时候洗澡时，我发现瓷砖上面结了很多水珠，当时觉得特别神奇。就算努力用手想抹掉它，可是水珠就像有生命一样还会变成半圆的样子。上学后才知道那原来是"表面张力"的作用，老师告诉我们因为水有相互凝聚的性质才会这样。那么，今天就做一下表面张力的试验吧。

### 难易度
★☆☆☆☆

### 准备材料
水，碗，针，卫生纸，纸杯

### 制作过程

1. 在盛水的碗中试着将针平放在水面上。您会发现，无论您如何小心地放，针还是会沉到碗底。

2. 接下来在水面上平放一张卫生纸，并在卫生纸的上面放上针的话，针就不会沉下去了。

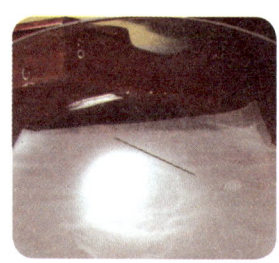

③ 通过这个实验，要告诉孩子水有相互凝聚的性质。

④ 这次在纸杯中倒满水后盖上一张纸，然后轻轻地将其翻过来，会发现纸紧贴着纸杯，水没有洒出来哦。

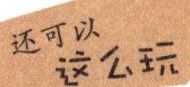 还可以这么玩

制作露珠：自己动手制作晴天气温下降时会产生的露珠。先在装有水的杯子中放入冰块，观察杯子表面结出水珠的过程。然后在塑料袋装满空气的状态下，将其绑好放进冰箱的冷藏室里，过一会拿出来就能看到塑料袋中结有水珠。

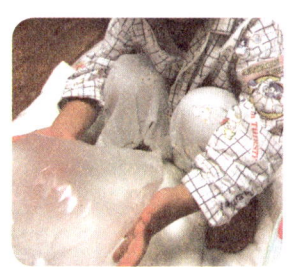

## 09 烛泪游戏

当我们点燃蜡烛后，过一段时间会有烛泪留下来，看上去既漂亮又神秘。而蜡烛的原料石蜡是从石油中提取的，所以不溶于水。那么，我们现在就利用这种性质做几个游戏吧。

**难易度**
★☆☆☆☆

**准备材料**

蜡烛，彩色签字笔，颜料

**制作过程**

 点燃蜡烛，让烛泪滴到纸上。

**Tip**

点燃蜡烛后，可以让孩子仔细观察蜡烛的火苗，引导他们去观察火苗从外到内的颜色是否相同。

② 在均匀的滴有烛泪的纸上，用彩色签字笔画出蜗牛行进的道路。然后告诉孩子蜗牛路过的地方会留下粘液，会像这样出现行进的路线。

### Tip

我们家孩子画着弯弯曲曲的粉红色蜗牛路，突然说这是"喝醉了的蜗牛"。

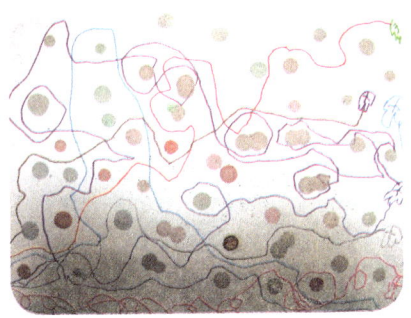

③ 准备凉水，然后向水中滴入烛泪，这样可以看到在凉水中烛泪会马上凝固。

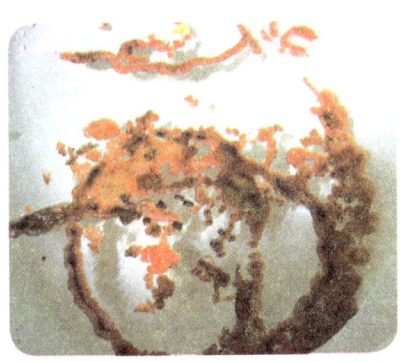

④ 在纸上随意滴下烛泪。等烛泪干透后用大一点的毛笔在纸上涂颜料，这时会发现只有没滴到烛泪的地方才能涂上颜料。

# 10 斜面游戏

孩子小时候看不懂的科学绘本会随着时间的流逝，又重新引起他的兴趣。有时我们做的简单试验，通过观察孩子对结果感不感兴趣，就能知道这个试验是不是属于他这个年龄段的试验。做过试验后，可以带着孩子一起去寻找生活中的实例。

难易度
★☆☆☆☆

 **准备材料**

玩具车，书

**制作过程**

1. 在生活中寻找斜面，然后再进行重现。

**Tip**

我们家孩子找出了玩具斧子的刀刃是斜面。

② 将玩具车放在斜面上，调整斜面的高度让玩具车滑下来，然后标记一下玩具车滑到的位置，再用尺量一下玩具车滑行的距离。

③ 通过试验能了解到斜面越高玩具车滑行的越远。

 Tip

生活中我们能发现的斜面有很多，比如楼梯、轮椅坡道、滑梯、红酒的软木塞等。

### 还可以这么玩

**游戏 1**　跟孩子聊一聊为什么走斜坡路时会很累呢？

**游戏 2**　玩滑梯时，想一想普通滑梯和旋转滑梯哪个滑下来的速度更快，然后让孩子实际地体验并比较一下。

# 11 变成动物吧

孩子们最喜欢什么动物呢？小狗？小熊？小兔子？还是恐龙？没有比让孩子充分地接触自然更好的事了，但有很多家长因为环境没办法做到这点。我们的孩子只有在书里才会遇到更多的动物，所以，今天打算让孩子成为动物。开始之前，可以先跟孩子商量一下，要成为扮演的动物都需要什么材料。

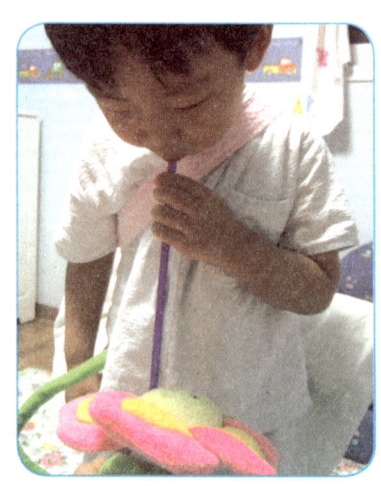

### 难易度
★☆☆☆☆

### 准备材料
彩色纸，动物面具

### 制作过程

**① 猫咪** 带上小猫耳朵发卡试着模仿小猫的样子喝牛奶吧。首先应该让孩子仔细观察小猫是如何喝牛奶的。不知道是不是因为舌头跟小猫不一样的关系，孩子喝得满脸都是牛奶呢。

### Tip
动物发卡可以用图画纸或彩色纸轻松的制作完成。

② 乌龟　可以直接把枕头塞进孩子后背的衣服里，变成乌龟。让孩子像乌龟一样的爬行吧！可以问问孩子乌龟的爬行速度是快还是慢呢？

### Tip

告诉孩子哺乳类、禽类、爬虫类、两栖类等各种动物的种类吧。

③ 蝴蝶　虽然不是特别漂亮的蝴蝶翅膀，但是把枕头绑好给孩子背上，孩子还是很快乐地学着蝴蝶在花丛中飞来飞去的样子呢。

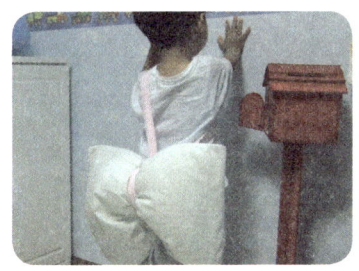

④ 狐狸　带上狐狸面具和用彩色纸做成的狐狸尾巴后，孩子也像小狐狸一样，扭着小屁股去寻找食物了。

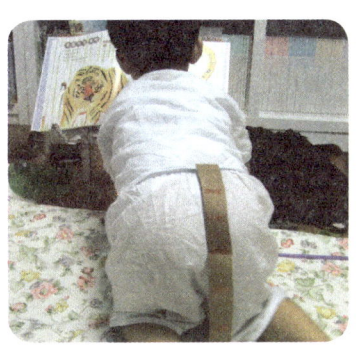

# 12 气球游戏

孩子们多的地方一定能发现的东西就是气球,看着五颜六色的气球,我也会想起自己的童年。那时候经常想象拿着那么多的气球一定能飞到天上,而一朵一朵白色云彩就像棉花糖一样柔软。不管岁月如何流逝,孩子们的这种梦想似乎都在延续。那么,这次利用孩子们喜欢的气球做个超级简单的试验吧!

### 难易度
★☆☆☆☆

### 准备材料

气球,油性签字笔,吸管,透明胶带,线,水,油,发酵粉,瓶子,醋

### Tip

吹之前先问问孩子画好的图案会变成什么样。气球吹起变大后,上面的图案也会一起变大。

### 制作过程

① 在气球上画上各种喜欢的图案后,将气球吹起。

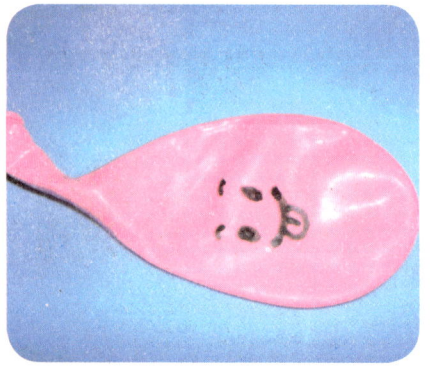

② 让气球漂在水上。准备普通气球、灌水的气球、灌油的三种气球，将它们放进水里，可以看到只有灌水的气球会沉下去。

🌸 **Tip**

气球里要放入充分的水和油。

③ 在气球里面放入发酵粉，瓶子里倒一些醋后，在瓶口套上气球。气球里的发酵粉掉进瓶子里会产生气体，气体会让气球鼓起来呦。

🌸 **Tip**

发酵粉和醋的量一定要多一些，这样才能吹出鼓鼓的气球。

## 还可以这么玩

**游戏 1** 吹起气球后，让孩子感受气球漏气的过程。

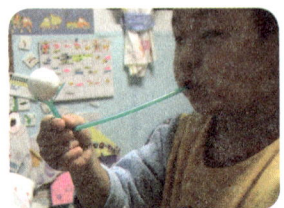

**游戏 2** 剪开吸管的末端，并在剪开的吸管末端放上一个小泡沫塑料，用嘴去吹吸管的另一端时，这样孩子就能感受到空气的流动。

**游戏 3** 做一个气球大炮，在吹起气球的口处放一本薄薄的书，把气球里的空气放出来，看一看这本书会不会被气球吹跑。

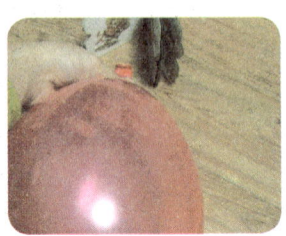

**游戏 4** 气球比想象的更能承受重量，用四个吹起的气球做试验，在它们的上面放上几本书后，看看气球的形状会不会发生变化。

# 13 影子游戏

对孩子来说影子总是充满趣味的，时而变长，时而变短，时而变大，时而变小。多云的时候会消失，太阳出来时它也会悄悄的出现，到了晚上路灯一个两个地亮起来的时候，就会出现长长的影子。跟孩子一起玩玩容易视而不见的影子吧。孩子们一般都怕黑，说不定影子会驱散孩子们对黑暗的恐惧，让他们快乐地畅游在黑暗光影下幻想的世界呢？

第四章 隐藏在生活中的科学游戏

### 准备材料

纸壳箱，吸管，动物图片

### 难易度

### 制作过程

1. 先剪下动物图片，在图片的背面粘上吸管，使其变成纸偶。

2. 剪下纸壳箱的一个面，并将这个面罩上一张大白纸。

## Tip

玩影子游戏之前,可以先与孩子一起阅读一些关于影子的想象类的儿童读物。

③ 将家里的灯闭上,打开手电筒,将光投射到纸壳箱的白纸上,然后让纸偶在白纸上运动就变成纸偶皮影了。制定角色后跟孩子一起玩即兴情境剧吧!

④ 可以让孩子观察手电筒离白纸距离的变化,是否会影响到影子的变化。

## 还可以这么玩

**游戏 1** 猜影子:根据孩子朋友们的样子制作纸偶之后,透过打光的纸壳箱,让孩子猜一下是谁的影子。还可以纸偶换成胶布、剪刀、眼镜等其他物品,让孩子猜一下是什么物品。

**游戏 2** 制作灯笼:很久以前,没有电灯的时候人们都拿着灯笼来照明。跟孩子聊聊没有电灯的话会有哪些不方便的地方,然后做一个蜡烛手电筒吧。把罐头盒洗干净之后用钉子或者锥子在侧面钻几个孔,再在罐头盒口相对的两侧各钻一个孔,并用铁丝穿过去,做成灯架。再利用铁丝晾衣架做成手柄,把蜡烛放进罐头盒里,将手柄勾住灯架就可以了。

# 14 冰块游戏

水能结成冰，又能蒸发成水蒸气，这本身就是非常重要的科学知识。那么您知道哪些游戏适合夏天在家里凉快的玩吗？那就是利用冰块的游戏。在水里放入各色漂亮的食用色素粉并冻成冰的话，看着也非常好看，也特别适合拿来当做玩具。

第四章 隐藏在生活中的科学游戏

### 准备材料

水，各色食用色素粉，一次性木筷，盐，线，棉棒，黑色的纸

难易度
★★☆☆☆

### 制作过程

1. 在水中加入孩子喜欢颜色的食用色素粉后放入模具中冻成冰块。可以在冻冰之前，在装有彩色水的杯子里插入一根一次性木筷，等杯子中的水冻成冰以后，木筷就变成了手柄。

2. 在冰和冰之间放上线再撒点盐。这时能看到因为温度骤降冰块之间会互相粘连。

### Tip

尽可能跟孩子一起做冻冰的工作，可以一起观察水结冰后体积变化的过程。

③ 用冰画画也很有意思。用彩色笔或蜡笔画好画后,用彩色冰块给它们涂上颜色吧。是不是可以表现出各种样子呢?

**Tip**

因为海水中有盐分,所以能降低水冻成冰的温度。这就是海水不容易结冰的原因。冬天下雪后的街道要撒盐也是因为同样的原理。

④ 这次通过游戏了解一下如何从大海中得到盐吧。准备一些浓度很高的盐水,沾一些在棉棒上画画,再用吹风机将画吹干。这样就完成了一闪一闪的漂亮盐画了。

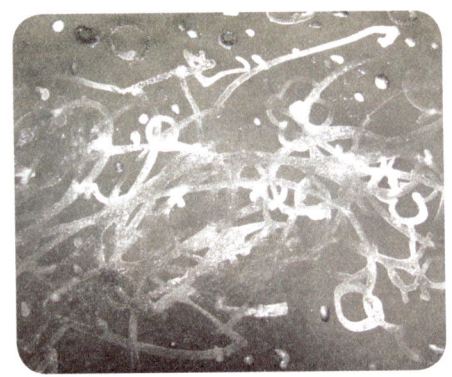

还可以这么玩

制作奶昔:利用冰块做一杯奶昔吧。在一个大塑料袋里放入冰块和盐,在小塑料袋里放入牛奶和白糖。然后把小塑料袋放进大塑料袋里使劲儿摇晃。经过几分钟小塑料袋里的牛奶就会变成奶昔了。

# 15 防水游戏

孩子淘气的时候喜欢在我手上随意涂鸦。但是洗完澡发现我的手变干净了，他觉得很奇怪。还问我他画的画哪去了。所以我告诉他笔有很多种，其中有溶于水的水性签字笔和不溶于水的油性签字笔，同时也和他说了两者的差异。

第四章 隐藏在生活中的科学游戏

### 准备材料

水性签字笔，纸，冰棍，蜡笔

### 难易度
★★☆☆☆

### 制作过程

1. 先用水性签字笔在纸上画画。

2. 用冰棍在画上面涂抹或者洒些水。

③ 能观察到用水性签字笔画的画都晕染开了。

④ 换用蜡笔画画后，在画上面用冰棍涂抹或者洒些水。可以看到画上有凝结的水珠，但是画并没有晕染。

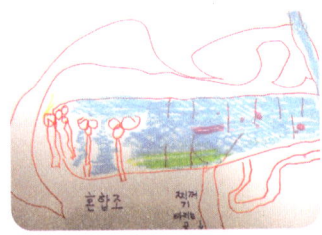

### 还可以这么玩

**游戏 1**　用各种笔做晕染试验：利用家里的各种笔画画观察一下画在水中晕染的速度吧，这样也会很有趣的。用油性签字笔、水性签字笔、吹笔、蜡笔等在厨房纸巾上画画后浸泡在水中。确认结果时发现吹笔晕染的最严重，跟孩子一起讨论一下原因吧。

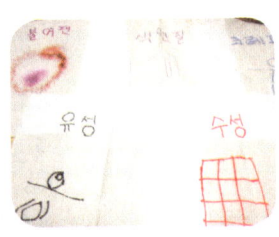

**游戏 2**　鸭毛游戏：旅行回来的路上，我看到农田中栖息的候鸟就对孩子说："看看那些鸟，多神奇呀，它们的羽毛被水弄湿了身体会变沉，可是它们还能飞得那么好。"，结果孩子竟然说："它们的羽毛应该是能防水吧"。回到家后我们实际做了一下试验。准备两根羽毛，然后只在一根羽毛上用蜡笔涂上颜色，看看放进水里之后哪根羽毛会弄湿。事实上，鸭子的羽毛是有油腺的，所以羽毛不会被水弄湿。

# 16 除湿游戏

孩子小的时候总想着他什么时候能不用纸尿裤,结果不知不觉中他就开始穿小内裤了。看着孩子一天天的长大,就想家里剩的纸尿裤看来只能给表弟家的孩子了。这时突然很好奇纸尿裤是用什么做的呢,它是用什么方法可以干干净净的保护我家孩子的小屁股的呢?

第四章 隐藏在生活中的科学游戏

## 准备材料

各色颜料,纸尿裤

## 制作过程

★★☆☆☆

1. 在调色板中挤出红色、黄色和蓝色颜料,并利用这些颜色调出绿色、紫色和橙色。

2. 简单的教给孩子一些关于湿气、除湿、清除湿气等的单词,再跟孩子一起聊聊纸尿裤都用在什么地方。然后将纸尿裤剪好后排成彩虹的模样,再用注射器或滴管一个一个地在纸尿裤上洒上各色颜料,慢慢的纸尿裤会膨胀起来。

### Tip

让孩子参与调配颜色的过程中,他会觉得非常神奇的。

### Tip

打开纸尿裤后也可以直接在上面浇水。

3. 接下来把膨胀的纸尿裤放在桶里继续洒水。看一看纸尿裤到底还可以吸多少水。

4. 实际操作一下就会发现，纸尿裤能吸收相当多的水呢。

### 还可以这么玩

海苔里面的干燥剂：买海苔的时候，包装袋里面会有干燥剂，把干燥剂放进颜料里，干燥剂会"啪啪"跳着吸收颜料，最后会变成非常漂亮的小珠子哦。

# 17 种种子吧

一到开满美丽的花、长出鲜嫩叶子的春天，心情也会变得飘飘然。在这样的季节里，跟孩子手拉手在家附近散步的心情都会变得非常畅快。可是现在让孩子踩一踩土地、摸一摸土壤都是件非常不容易的事，于是就想如果能给孩子做个简单的小花盆会怎么样？这样孩子就能自己亲身体验从种到收的整个过程了，说不定还能感受到生命的神奇呢。

## 难易度
★★☆☆☆

### 准备材料

豆的种子

### 制作过程

1. 在花盆中种下豆子的种子。在指定的天和时间让孩子浇水。

2. 让孩子观察豆子长大的过程，还可以让他用自己的身体表现一下豆子发芽的样子，最好还能给豆子起个名字。

**Tip**

可以给孩子讲解植物通过光合作用会产生氧气,而且结合光、二氧化碳和水可以产生能源。

③ 可以让孩子写一下观察日记。如果孩子还不会写字,可以让他用画画的方式来记录,也可以由家长代笔记下孩子说的话。

## 还可以这么玩

**游戏 1** 跟孩子一起坚持观察豆子种子成长的过程:如叶子和茎是怎么长出来的?豆荚中长出来的豆子是几个?一个豆荚里长出的豆子数量是不是一样的?根据光的方向,植物的叶子和茎的方向会怎么变化等。

**游戏 2** 植树节的时候,和孩子一起到附近的公园种一颗种子吧!这会给孩子留下美好的回忆。

**游戏 3** 在盘子中放入棉花,再用水弄湿后放进一些豆子,这样也可以每天观察豆子发芽的过程。

**游戏 4** 将每天种子的变化过程拍成照片,打印后贴在观察日记里也是个不错的想法呀。

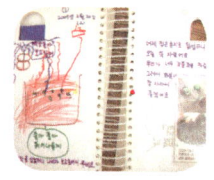

# 18 蜜蜂和章鱼游戏

对小孩子来说一切都是非常新奇的。有一段时间连吃的他都十分感兴趣。引导孩子仔细观察平时吃的海鲜、鸡肉、蔬菜等食物，再跟书对照一下的话不仅能增强孩子的好奇心还能提高他的观察力。所以说平时经常接触的日常生活才是真正的藏宝箱呢。

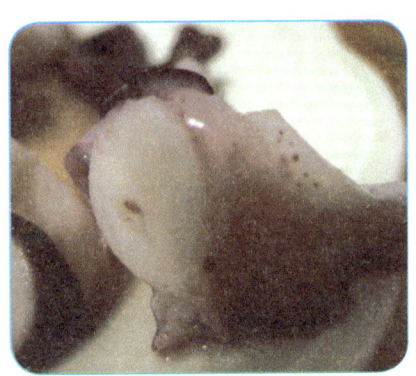

第四章 隐藏在生活中的科学游戏

### 准备材料

蜂蜜，面包，草纸板，尼龙搭扣，气球，软铁丝绒条，彩色绒球，娃娃眼睛

**难易度**
★★☆☆☆

### 制作过程

 **蜜蜂游戏** 用草纸板先做蜂巢，然后用尼龙搭扣将卵、蜂蜜、女王蜂和蜜蜂做成可以随意变换位置的形式。跟孩子一起玩蜜蜂的角色扮演游戏吧。

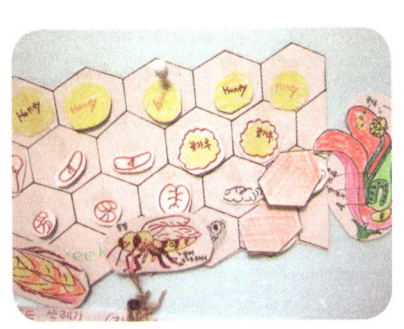

**Tip**

准备面包和蜂蜜，做成蜂蜜面包来尝一尝吧。

2 画章鱼　先来画一下章鱼的结构。需要注意的是章鱼有八条腿，这是跟鱿鱼不同的地方。

**Tip**

如果将真的章鱼煮熟后，将吸盘粘在盘子上边吃边玩的话，学习效果会不会更理想呢？

3 制作章鱼　在吹起的气球上粘好眼睛，再连上腿之后用彩色绒球代替章鱼的吸盘，彩色绒球用双面胶固定就可以了。

4 玩完之后的章鱼玩具可以让孩子将气球弄破，做一个"章鱼料理"。

# 19 水和油

记得有一次跟孩子在西餐厅吃饭。正餐之前先上了几片法国长面包，香醋和橄榄油混合的调料，然后孩子拿起了面包片玩起了一旁的醋和油。看了一会，觉得孩子可能是对我们上学时学的"比重和液体的性质"感兴趣，所以回家后跟他做了这方面的游戏。

## 准备材料

透明容器，油，水，颜料，小物品（饼、蒜、泡沫塑料等）

## 制作过程

- 首先向孩子提问："水和油会不会混合到一起？"然后实际进行试验，再想想原因。然后，在一个杯子里放入蓝色的水，另一个杯子里放入红色的水，将两个杯子里的水进行混合，让孩子观察混合后的水会有怎样的变化。

## 难易度

## Tip

水是有极性的，而油是无极性的，因此两者不会混合在一起，而是较轻的油会浮在水的上面。液体之间同样是有极性的或者同样无极性的是可以混合的。但对于小孩子来说，直接传递这种知识他们是很难理解的，因此不如激发他们的创意想法，哪怕是异想天开的想象也是不错的。

## Tip

试验结果饼沉到了最下面,蒜在水和油之间,而泡沫塑料则浮在油上面。和孩子讨论一下为什么会这样,然后想想比重的概念。最后让孩子自己整理一下试验结果。

❷ 这次在水中加入颜料再混合一些油,这时混合溶液会分成下面是水,上面是油的状态。然后将家里的一些小物品放进容器里。我放了饼、蒜和泡沫塑料,在放之前先让孩子推测一下哪个会浮起来?哪个会沉下去?再观察试验结果,最后把试验结果整理成画和文字形式。

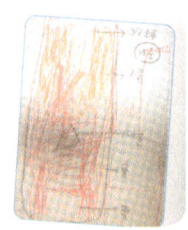

**游戏 1**　准备两张同样的纸,一张保持原样,另一张沾上一些油。然后将它们放进盛水的容器中。沾着油的纸会一直浮在上面,而普通纸弄湿后就会沉下去。

**游戏 2**　做了沾了油的纸漂浮的试验,我们还可以趁这个机会做个好玩的船。将沾了油的纸的一端抹上牙膏,随着牙膏慢慢溶于水,纸就会向前走。

**游戏 3**　如何能让水和油融到一起呢?先让孩子想一想办法。可以用勺子搅拌,但过一会水和油还是会分开。那加一些洗涤剂或者肥皂会变成什么样呢?直接做一下试验的话就能确认油是否能溶于水了。

**游戏 4**　用油画一幅魔术画。先用彩色水性签字笔画好一幅画后翻过来,在画的背面抹点油的话就能看到画的正面的图案了。

# 20 鸡蛋游戏

您知道味道又好营养又丰富的鸡蛋还能做很多有趣的科学实验吗?让煮鸡蛋和生鸡蛋旋转,哪个会转的更久呢?鸡蛋立起来时候,能承受多大重量呢?除了这些,其实还有很多充满趣味的试验哦!

### 准备材料

气球,油性签字笔,吸管,透明胶带,线,水,油,发酵粉,玻璃杯,醋

### 制作过程

 因为鸡蛋是椭圆形的,所以不容易破损。特别是竖着给它施力的时候,它更能承受很大的力呢。可以让孩子试着在鸡蛋上放一本厚字典,他会发现鸡蛋丝毫不会破损呢。

② 转动熟鸡蛋和生鸡蛋的话，会发现生鸡蛋转动的时间更长，因为生鸡蛋里面是液体，液体也会随着鸡蛋的转动而转动。亲自跟孩子操作后，让孩子想想转的时间长的鸡蛋是生的还是熟的，再听听他的理由。

③ 根据鸡蛋的结构做一本迷你书，封面上可以粘上鸡蛋皮，内页粘上蛋黄。

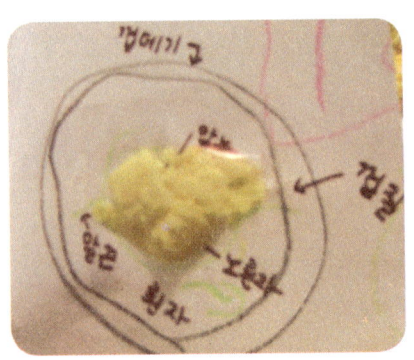

还可以这么玩

剥鸡蛋壳：把煮熟的鸡蛋放入玻璃杯中，在玻璃杯里倒入能没过鸡蛋高度的醋，放上4～5天的话，鸡蛋壳的碳酸和醋发生化学反应，会产生二氧化碳，因此鸡蛋壳会剥落，整个过程可以跟孩子一起写观察日记哦。

# 21 轮子

书上说，我们的祖先在搬运重物时，是将重物放在紧密排放的圆木上推动前进的。所以，我也将铅笔排好后在上面放上一本厚书让孩子试着推推看，结果书很容易就向前移动了。那么，让我们来了解一下给人类生活处处都带来方便的轮子的原理吧。

### 准备材料

纸盒，软木盖或者发泡胶板，两根木棍，草纸板，两脚钉

难易度
★★★☆☆

### 制作过程

将四个软木盖或者发泡胶板做成简易小车的轮子，车身用无盖的纸盒做好。利用两根木棍按图片的方式连接轮子。如果轮子总掉下来的话，在轮子外侧绑上橡皮筋就可以了。

### Tip

找找日常生活中有哪些东西使用了轮子。可能会找出比我们想的还要多的轮子呢。

② 按照书中的图案剪出两个齿轮。大齿轮的周长尽量做成是小齿轮周长的两倍。然后利用两脚钉将齿轮固定在简易小车的底部,再让孩子转动一下试试。

### Tip

和孩子讨论一下为什么推装上轮子的纸盒会比直接推纸盒轻松。因为装上轮子,就减小了纸盒与地面接触的面积,所以摩擦阻力会减少,自然推起来更省力。

③ 在家里找找利用了轮子的物品,然后再看看用上了几个轮子。还可以做一本迷你书进行整理。

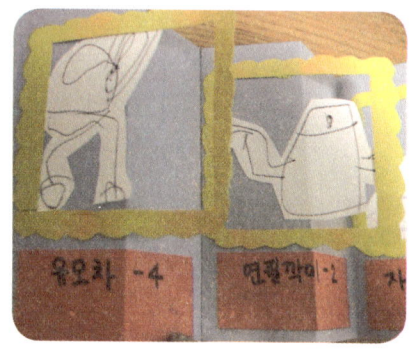

④ 在制作的简易小车上夹好迷你书进行保管。

# 22 岩石的硬度

现在越来越难看到泥土或者石头了。记得小时候在游乐场玩过家家的时候，用水和成泥后团成球当成馒头，把叶子捣碎当成蔬菜，把砖头磨成的粉当成调料，当时玩的多开心啊。看书的时候，了解到了岩石的种类，所以打算做个简单的试验。正好家里有一块岩石，所以试验变得更丰富了，但即使没有岩石用更容易找到的石头也可以做这个试验哦。

## 准备材料

各种岩石，别针，硬币

## 难易度

## 制作过程

1. 准备测量岩石硬度的道具。准备一些像指甲、别针、硬币等硬度不一样的物品。

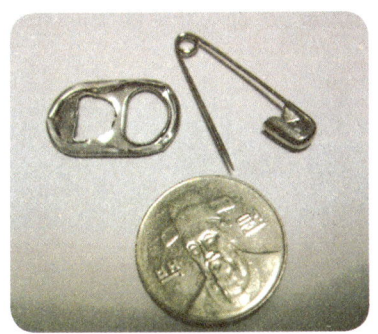

## Tip

矿物质根据种类的不同其硬度也会有所不同。

## Tip

在塑料瓶中依次放进沙子、碎石子儿、粉笔末后,向瓶里慢慢的倒入水后,盖上瓶盖摇匀后放一会的话,会发现瓶子里的沙子、碎石子儿、粉笔末会按照碎石子儿、沙子、粉笔末的顺序分层堆积成沉积岩的样子。

② 准备岩石。在街边捡到的岩石也能成为很棒的材料呢。下面的图片是绿色萤石、硅硼钙石、玫瑰水晶、石英、紫色萤石、白云母。

③ 利用测量硬度的道具做一下试验。边做试验边进行记录的话,可以做到更加细致的比较。

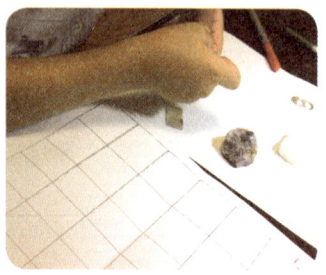

④ 可以简单地预测岩石的硬度,硬度从最弱的1到最强的10为止。

# 23 酸性和碱性

酸性和碱性试验其实在家就可以简单的进行，只要有像石蕊试纸就可以了。蓝色石蕊试纸在酸性溶液里会变红，但在碱性溶液里没什么反应；红色石蕊试纸在碱性溶液里会变蓝，但在酸性溶液里没什么反应。用卷心菜汁或玫瑰汁也可以起到酸碱指示剂的作用。

### 准备材料

石蕊试纸，需要测试的各种液体（牛奶、米酒、洗涤剂、洗发水等）

### 制作过程

1. 将红色石蕊试纸和蓝色石蕊试纸在提前准备好的液体中各自浸泡一下。

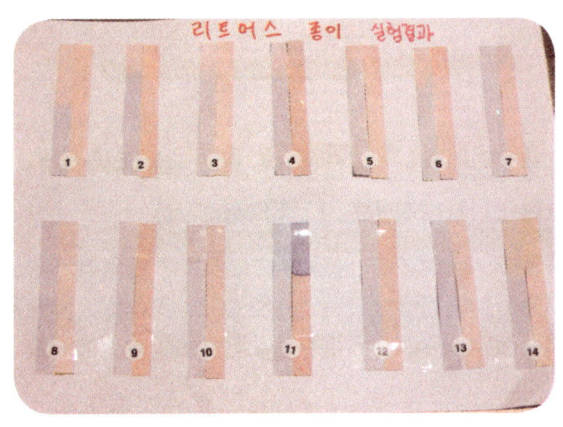

### 难易度
★★★☆☆

### Tip

实际生活中的液体大部分是酸性的，但是洗涤剂是碱性的。

第四章 隐藏在生活中的科学游戏

② 整理一下结果,区分出各种液体是酸性的还是碱性的。

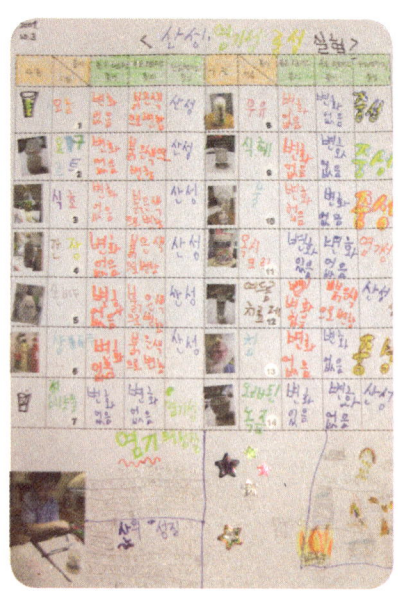

### 还可以这么玩

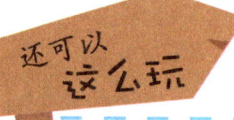

在玻璃杯中倒入水,加入一勺发酵粉,再加入一勺醋后放几根意大利面条,这时杯内会产生泡沫,会使面条"跳舞"。其中的原因是发酵粉和醋相遇产生了二氧化碳的原故。

在容器里倒入食醋再放一勺盐,充分搅拌后将有点脏的硬币放到里面。十分钟后您会发现硬币变干净了,这是因为醋和盐反应产生了酸,而这种酸能将附着在硬币上的氧化物清除干净。

## 24 制作弹弹球

您有小时候玩弹弹球的记忆吗？弹弹球好像装了弹簧一样，小朋友们为了抓住轻轻跳跃的弹弹球到处跑来跑去。据说弹弹球的材料聚乙烯醇是重复乙烯醇的结构。在聚乙烯醇溶液里面掺一些硼砂溶液的话分子之间就会形成巨大地链条，就会变成又软弹性又强的橡胶。那么，这次在家里做一个颜色鲜艳的弹弹球吧。

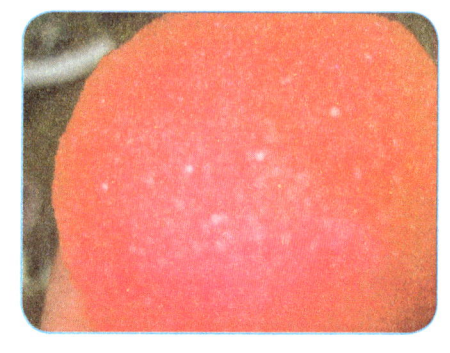

### 准备材料

聚乙烯醇，色素，硼砂（硼砂钠），纸杯，木头筷子，水

### 难易度

### 制作过程

往聚乙烯醇里加入一些水，将它们搅拌好。在另一个纸杯里放半杯水，加入一勺硼砂和一点喜欢颜色的色素后搅拌均匀。

### Tip

制作弹弹球的材料可以在网上购买。

2. 将聚乙烯醇溶液放入硼砂溶液里面用筷子搅拌30秒左右，混合液体就会结块。

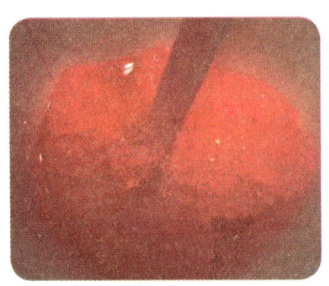

**Tip**

刚开始变成果冻状凝结物时，可能触感不太好，但用手捏时间久一些就好了。如果想做成弹性特别大的弹弹球，可以在搅拌的时候多加点水。

3. 凝固成果冻状之后用手捏5~10分钟，将它做成圆形的弹弹球。

4. 将做好的弹弹球扔到地上就能看到它"嗵"的弹起来。

还可以这么玩

剩下的颜料可以用来给木棍染色，可以在做其他游戏的时候使用。

# 25 身体的器官

通常孩子们都会对眼睛看不见的地方和隐藏起来的东西很好奇,而在婴幼儿时期,孩子会首先对眼睛能看到的人体和"便便"感兴趣,慢慢的注意力就转向了身体的各个脏器和结构。这时,不要只告诉他身体的功能,还可以附带着说一些情感的内容。比如,告诉孩子血液的作用是将氧气输送到每个细胞上,这时还可以告诉他如果每个人都认真的做好自己的工作,并能互相帮助的话,我们的社会也会变得更加健康。这样会不会将我们的孩子培养成不光是头脑聪明,而且还是个内心温暖的人呢?

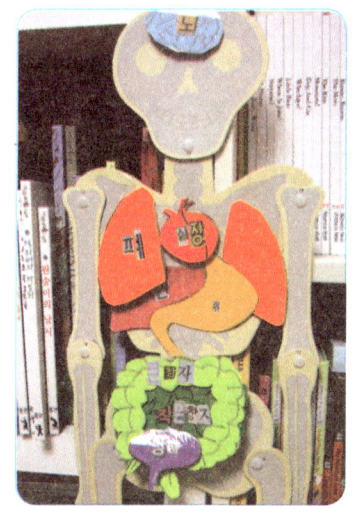

### 准备材料

骨骼图片(如果没有的话可以动手画,也可以在网上下载图片后打印出来),彩色纸,报纸

难易度
★★★★★

### 制作过程

- 在彩色纸上画出各个脏器的图案。在彩色纸上画画的时候,要在彩色纸的背面粘上草纸板。

## Tip

做模型的时候，妈妈尽量做出有趣的引导吧。比如"骷髅先生没有大脑所以没办法思考了，给他安上大脑吧""骷髅先生没办法呼吸了，能给他找找肺吗？""骷髅先生因为没有这个没办法供血了，怎么办啊？能给他找个可以供血的脏器吗？"

② 从报纸中寻找与脏器相应的字，剪下来贴在做好的脏器图案上面。这样既能学字，还有助于集中注意力。

③ 让孩子在骨骼模型上按照相应的位置粘上画好的脏器。如果让孩子提前读一下与人体脏器相关的书的话，他会不会更加感兴趣呢？

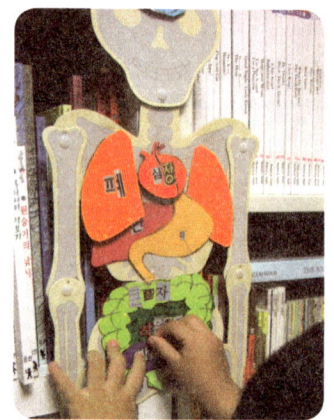

④ 如果孩子对人体很感兴趣，还想表现更多的东西时，可以即兴再装饰一下。我的孩子就要求再表现一下大动脉、大静脉和食道呢。等爸爸下班回来之后再让孩子给爸爸说明一下。爸爸只要倾听孩子的话，并表示认同就能让孩子充满自信哦。

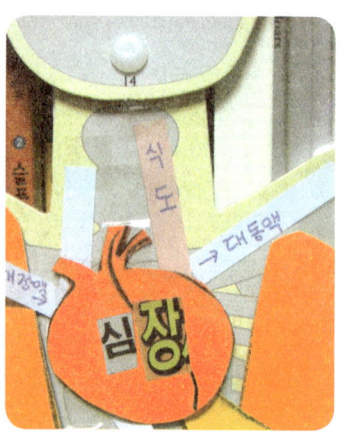

| 游戏 1 | 制作一个自己的尺寸模型：让孩子躺在一张大纸上，用粗一些的笔画出孩子的轮廓，然后让孩子自己来装饰自己的身体。 |

| 游戏 2 | 完成人体：从杂志上剪下身体不全的照片，然后让孩子画出人体缺少的部分，还可以用这些照片编一些有趣的故事。 |

# 26 身体内部大探险

这次让我们来对身体的各个部位做个大探险吧？简单体验一下大脑、肌肉、骨骼、手指头等都起着怎样的作用，这会让我们了解到我们的身体有多么神秘，也会明白身体的宝贵。

**难易度**
★★★★★

**准备材料**

纸，透明薄膜，骨骼，肺模型

**制作过程**

1. **制作身体器官书** 打印一张大一点的孩子照片贴在纸上，但要做一个能打开的门。门后面粘上几张透明薄膜。然后在透明薄膜上用油性签字笔依次画上皮肤、头发、内部脏器、脊椎等。

2. **观察骨骼** 收集鱼、牛、猪等各种动物的骨头进行观察。如果有简易显微镜的话可以直接观察。再将观察的结果整理在笔记本中。

**Tip**

将鸡骨头浸泡在醋中1~2天，然后折断。这时观察一下泡在醋里和没泡在醋里的鸡骨头折断时的差别。会发现泡在醋里的鸡骨头更容易折断，这是因为泡在醋里的鸡骨头钙质流失了。

③ 不使用大拇指，只用其他手指使用剪刀剪一幅画吧。这样不仅能明白肌肉的作用，还能体会到大拇指的重要性。接下来用所有的脚趾头抓一件物品，这时候我们会明白即使有大拇脚趾也很难抓到物品。

**Tip**

人和大多数动物不同，大多动物拇指的方向跟其他四根手指的方向是相反的，所以人类能使用道具。

④ 想一想我们通过大脑做的事情，然后记下来。将打印好的孩子的脸部图片粘贴在白纸上，然后让孩子在白纸的空白处表现出具体内容吧。可以根据孩子的想法画上大脑结构，也可以直接画上正在想的事情。

⑤ 口腔探险　观察将大米饭咀嚼30次以上，大米会发生什么变化。这样可以了解到唾液中的淀粉酶有分解碳水化合物的作用。

**Tip**

舌头上的一个个小突起叫做"味蕾"，味蕾越多越容易感受到各种味道。

⑥ 食物的旅行　想想为什么肚子饿的时候会发出"咕噜噜"的声音。不要着急确认事实，要让孩子想想还为什么会这样，引导他的想象力会使探索的过程更加有趣。

第四章　隐藏在生活中的科学游戏

7. **吸气吐气** 准备一个肺的模型，肺的模型可以在网上购买。然后通过肺模型观察吸气和吐气时横膈膜的变化，并进行记录，也可以让孩子画一下他想象中的肺。

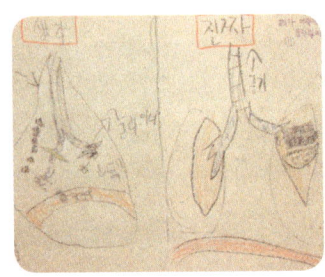

8. **心脏** 为了了解心脏是不是一直以同样的速度跳动的，可以让孩子比较一下运动后和平静的时候心脏的跳动次数。

还可以这么玩

味觉游戏：通过晒干的海带或者盐感受咸味，通过白糖或者糖果感受甜味。在舌头形状的纸上粘好透明薄膜交给孩子，并告诉他舌头的不同位置感受到的味道也是不一样的，然后让孩子剪下各种味道的食物粘在上面。根据苦味、咸味、酸味、甜味的位置粘贴好图片之后，我的孩子突然问我辣味应该粘在什么地方，我告诉他辣味其实是舌头疼痛的感觉，所以应该属于触觉。

# 27 季节

我们国家是春、夏、秋、冬四个季节非常明显的国家。所以非常适合欣赏美丽的自然变化。您可以问一下孩子最喜欢哪个季节，如果他说"冬天太冷不喜欢"的话，您可以说"冬天会下又白又漂亮的雪，妈妈很喜欢冬天"，如果说因为太热不喜欢夏天的话，您也可以说"夏天可以到凉快的海边玩水，所以妈妈喜欢夏天"，这样孩子就能感受到所有季节的美好了。

## 准备材料

图画纸，半透明胶片纸，彩色纸，两脚钉，透明薄膜，双面胶，银箔纸，塑料瓶，颜料，橡胶粘土，稻草，纽扣，布头

### 难易度

## 制作过程

### 了解季节 ①

了解一下因为地球的自转轴倾斜而产生的季节吧。妈妈和孩子一起做一下工作表也会很有趣哦。利用彩色纸在半透明胶片纸的中央贴上太阳，再把地球贴在半透明胶片纸上人，然后在太阳的正中间插入两脚钉，使地球公转。

### Tip

晚上用手电筒照着地球仪做试验的话，可以使孩子了解得更加透彻。

## Tip

因为我们国家是四季分明的国家，所以会随着季节的变化，会使人们穿衣、游戏、活动等都有很大差异。跟孩子聊聊都有什么样的差异吧。

**2 了解季节②** 通过书本或者网络调查一下春、夏、秋、冬四个季节的特点吧。同时一起了解一下各个季节都能看到怎样的动植物。再与孩子聊聊喜欢什么季节，因为什么。

**3 制作大海①** 到了夏天就可以模拟大海了。在蓝色的纸上用蓝色颜料按上手掌印代表大海。在透明薄膜上用油性笔画出鱼之后，背面用双面胶粘上银箔纸。

**4 制作大海②** 这次在小的塑料瓶里放入蓝色颜料，然后用橡胶粘土做成大海。

## Tip

如果没有稻草的话也可以用吸管代替。

**5 制作稻草人** 让我们来做一个代表秋天的稻草人吧。用纽扣代表眼睛，再穿上用布头做的衣服。做好的稻草人可以插在花盆里。

# 第五章
## 提高思考能力的
### 数学游戏

  如果让妈妈们选一门最没自信的科目来给孩子做辅导的话,想必大家都会异口同声的说"数学"。

  现在越来越多的家长通过反复做数学题来提高孩子的数学能力,但我家孩子非常不喜欢这种方法。所以,我觉得可以让他在游戏中产生对数学的兴趣,慢慢地培养数学思维。

  想一想,一袋牛奶倒入不同形状的杯子中,体积是否相同?以此让孩子了解体积的概念。不用刻意计划需要进行怎样的数学游戏,只要关注生活中的细微之处,就会让孩子接触到许多日常生活中的优质的数学游戏。

# 01 体积

孩子们很容易被眼睛看到的东西骗到。他们以为看起来比较大的容器装的东西也会比较多。这次我们通过向各种形状的容器里倒牛奶的游戏让他们了解一下实际体积的概念吧。这个游戏只要准备各种形状的容器或杯子就可以了。

**难易度** ★☆☆☆☆

### 准备材料

各种形状的容器或杯子，牛奶

### 制作过程

① 家长在一个细长的杯子和一个矮宽的杯子里各倒入同等量的牛奶，然后让孩子猜猜哪个杯子里的牛奶更多。再各准备一个又平又大的盘子和深一点的盘子，家长向其中盛入同样多的大米，然后再让孩子猜猜哪个盘子里盛的米更多。

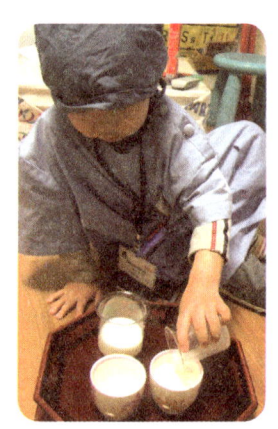

② **制作大片的面团和细长的面团** 用两份等量的面团，一份做成细长的形状，另一份摊开做成大片，然后让孩子想一想哪个量更多。

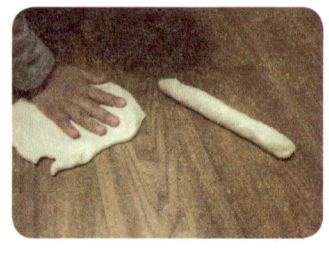

### Tip

大部分孩子会认为细长杯子里装的牛奶和又平又大的盘子里盛的大米更多。这时我们可以告诉他们，其实我们倒入的牛奶和大米都是一样多的，让他们体会其实眼睛看到的不一定是对的。

# 02 一半的概念

小时候最先学的数学概念就是算术。您曾经觉得加、减、乘、除中哪个最难呢？很多人都会觉得"除法"最难。那么让我们在生活中学习一下除法中最基础的"半"的概念吧！

### 准备材料

各种蔬菜，颜料，图画纸

### 制作过程

1. **将蔬菜切成一半** 准备各种蔬菜，然后切成一半。可以横着切，也可以竖着切，比较一下不同切法的切面大小，再闻闻味道吧。

2. **用切成一半的蔬菜盖章** 将切成一半的蔬菜切面沾上颜料盖章，确认一下切面的形状吧。

3. **联想贴花法** 通过贴花法牢记两个一半聚到一起就变成整体的概念。接着将做好的贴花装饰成漂亮的形状吧！

第五章 提高思考能力的数学游戏

难易度 ★☆☆☆☆

# 03 分类

数学中经常使用的分类概念其实跟制定"标准"有着密切的关系，因此把什么做为分类的标准这点非常重要。把蔬菜和水果切成圆形和三角形混合在一起，让孩子按照形状或按照品种进行分类，这是最容易学到分类概念的方法了。

难易度 ★☆☆☆☆

### 准备材料

各种种类的图片或者照片，各种种类的药，图画纸，发泡胶板

### Tip

一开始，我让孩子对身上穿的和脚上穿的进行了分类。因为做的很好，所以给了他更多的画，结果他对在地上生活的动物、在水中生活的动物、能吃的东西、玩具、机器都分的非常好呢。

###  制作过程

①  **制定标准进行分类** 画各种物品、动物、植物的画，让孩子自己制定分类的标准。也可以剪下杂志或报纸上的图片。

② **对家里的物品进行分类** 对家里储备的药品进行分类吧。根据大小或者颜色进行分类后，还可以根据片剂、糖浆、颗粒等进行分类。

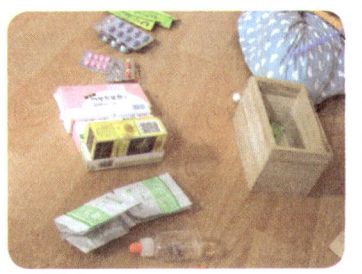

**Tip**

即使没有储备的药品，也可以对家里的其他东西（化妆品、玩具等）进行分类。

③ **冰箱游戏** 在百货商店优惠券或者报纸传单上让孩子剪下自己喜欢的食物。这时，妈妈把两张A4纸粘在一起制作成冰箱薄板，做好的前一页得像门一样能打开才行。在进行游戏之前先跟孩子讲一下冰箱的冷冻室和冷藏室的区别，还有肉类、鱼类、蔬菜等的分类。再把冰箱的冷冻室和冷藏室分为肉类、鱼类、水果、蔬菜等层。让孩子按照冰箱各个层的用途将剪下来的食物用胶粘在上面。

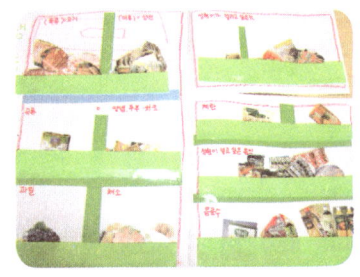

**Tip**

玩一会就会发现有些食物以孩子的标准很难分类。例如西红柿孩子放在水果的层里，但我还会告诉他这也是蔬菜。这时，也可以跟孩子讲讲水果和蔬菜的区别。还有快餐速食、乳制品、贝类等孩子可能会很疑惑，不知道该分到哪里，这时可以按照"吃多了有害的食物"和"孩子喜欢的食物"等重新进行分类。

④ **房子游戏** 用发泡胶板做成房子的形状，再用彩色纸分成几个房间。做房子的时候可以做成各种形状。中间有个洞也可以，做成又窄又高的建筑物也会很有趣。准备一些家庭购物的杂志和百货商店的优惠券让孩子剪下自己喜欢的东西用来装饰这个发泡胶板房子。制定一下房间的用途，然后根据用途对家具进行分类。

**第五章 提高思考能力的数学游戏**

# 04 颜色的感觉

我们看到红色会觉得温暖。反过来看到蓝色会觉得清凉。为什么我们会有这样的感觉呢？下面介绍了几种活动，通过这些活动我们能跟孩子一起思考颜色带给我们的感觉。

### 难易度
★★☆☆☆

### 准备材料
温度计，各种温度的液体

### 制作过程

**1** **用温度计测量实际温度**
准备热咖啡、冰水、放冰块的咖啡等各种不同温度的液体，然后用温度计测量温度。测量的结果可以记录在工作表中。

❷ **用各种材料制作毛笔** 用丝绒软铁丝、绒球、毛线制作毛笔。然后用作好的的毛笔一边用各种颜色的颜料画画，一边尝试不同的表现手法。

❸ 画好的画根据感觉分成暖色和冷色，然后想一想在温度计测量的温度中属于哪个范围。等所有的画都干透后，用剪刀漂亮的剪下来，再根据感觉进行分类。

**Tip**

整理一下活动结果，然后和孩子聊一聊他以后想成为哪种感觉的人，也可以了解一下通过哪些行为才能成为自己向往的那种人。

# 05 神奇的橡皮筋

走路的时候捡到了一块正四方行的木板。因为厚度也不错，所以试着做了一下一直想做的橡皮筋教具。孩子突然看到妈妈拿着锤子感觉特别高兴，可能是想起施工现场了。其实市场上有很多可以开发利用的数学教具，只要稍微动一下脑筋就能自己轻松的做出来。比如，用发泡胶板就能做成七巧板。

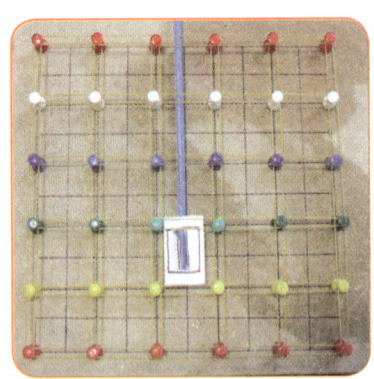

### 难易度
★★☆☆☆

### 准备材料
木板，图钉，橡皮筋

### 制作过程

 将准备的木板洗干净。如果没有木板的话也可以用厚的发泡胶板或者泡沫塑料代替。在木板上以4cm为间隔画上横竖交叉的线。

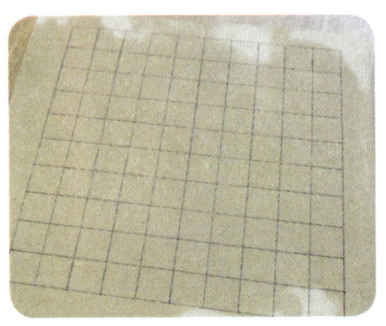

❷ 在每个交叉点按上一个图钉。如果是木头的话会比较硬，可以使用锤子。如果孩子特别感兴趣的话可以让孩子试试。

### Tip
本来按照2cm为间隔画线的，结果橡皮筋挂着太松了，所以把所有的图钉全部拔下来又重新钉了上去。

❸ 在自己想要的位置上挂好橡皮筋，做出星星、房子、船、风扇、汽车等各种形状。除了黄色的橡皮筋以外还可以准备其他各种颜色的橡皮筋哦。

### Tip
除了挂橡皮筋以外还可以跟孩子一起做其他有创意的活动。想象一下用橡皮筋演奏怎么样呢？

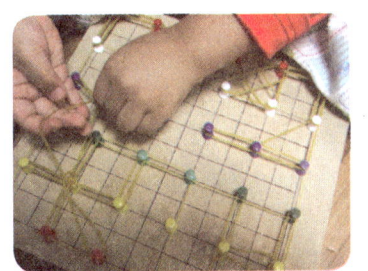

## 还可以这么玩

这次用彩塑做了一个穿线教具。首先用彩塑做一个圆形带之后，用锥子以2~3cm为间隔钻孔。孔要钻大一点，这样孩子玩穿线游戏才会方便一些。这个线最好是用运动鞋的鞋带，如果没有的话可以用麻绳等粗一点的线，然后用胶带把线的两端缠好，这样便于穿插。

第五章 提高思考能力的数学游戏

## 06 一年又一年

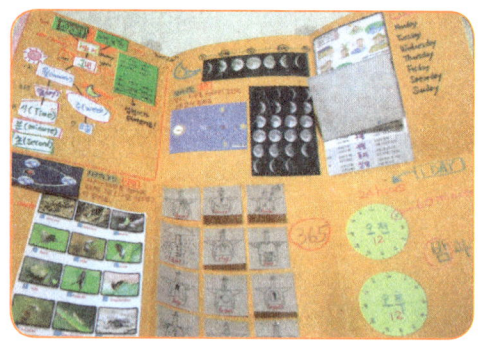

孩子们对时间的概念都很茫然。比如，已经告诉他们再过几天就到新年了，可孩子们还是会再问什么时候才到新年。跟孩子们讲的时候可以按照"世纪-年-月-日-时-分-秒"或者"月-周-星期几"的方式进行说明。可以跟孩子一起转动着表的指针，然后告诉他一天是24小时，一小时是60分钟，一分钟是60秒，然后慢慢地增加时间的单位，让我们来做一棵时间之树吧。

**难易度** ★★★★☆

### 准备材料

图画纸，透明薄膜，透明胶带，双面胶，两脚钉，彩色纸

### 制作过程

**① 一年有四季** 在图画纸上画出树的形状。将四张透明薄膜覆在画着树的图画纸上，用两脚钉在图画纸的顶端进行固定。提前在另一张图画纸上画好树叶、花、雪、苹果等图案，用剪刀把图案剪下后背面粘上双面胶，做成贴纸。用这些贴纸让孩子装饰每一层透明薄膜，使树向我们展示出春、夏、秋、冬四季不同的样子吧。

❷ **一年有12个月** 在彩色纸上写好家人的名字后，剪下粘上双面胶做成贴纸。然后找一个大一点的纸张标上12个月，根据家人出生的月份粘上贴纸。

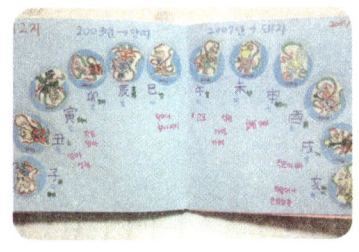

❸ **十二生肖的故事** 打印一下十二生肖的动物图片。按照顺序贴好后了解一下家人都属于什么生肖。

❹ **用图表形式表现家人和亲属们的生日** 用图表表现一下家人和亲属们的生日都是哪个月星期几。可以利用贴纸制作条形图或圆形的饼图。

❺ **记下新年的希望** 在新年的开始，将每个家人的愿望记下来放在信封里一起拿出来念一下。也可以写一下感谢的话或者希望对方能改掉怎样的坏习惯。

第五章 提高思考能力的数学游戏

❻ **用时间的单位制作"family tree"** 从"世纪"开始一直到最小的时间单位，制作时间的"family tree"。到了月份会分成阳历和阴历，因此可以用两条线表示。

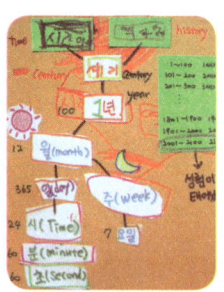

**Tip**

跟孩子一起进行的活动最好是装订成书或者贴在笔记本上，方便收集和以后翻阅。

❼ **了解一下阴历和节气** 从网上搜索一下月亮公转时发生的变化以及当时的节气，打印出来后跟孩子一起整理一下。

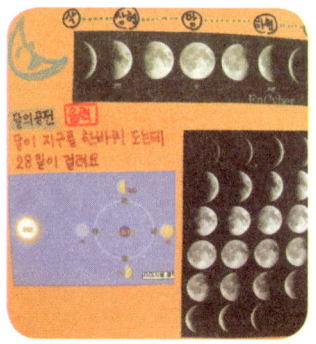

❽ **了解一下阳历和月份** 根据地球公转一年被定义为365天，一年有四个季节、12个月，一个月有30日左右等，从网上打印这些资料后整理一下。然后通过月历确认并记录一下12个月各自都有多少天。

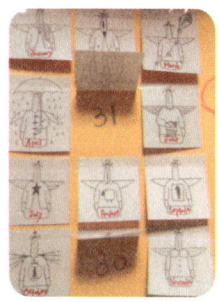

# 07 用青蛙表看时间

孩子们看表的时候觉得最难的应该就是区分表盘上不同指针的用途了吧？如果有一个表能让孩子们简单的理解时针、分针、秒针的不同用途，那孩子们也会很容易就能学会看表。在表上粘贴代表分钟的数字贴纸当然也可以，但如果做一个饱含妈妈心意的表的话，孩子说不定就能在玩的过程中掌握看表的方法呢？

第五章 提高思考能力的数学游戏

### 准备材料

无纺布（绿色、浅绿色、白色、橙色），娃娃眼睛，丝绒软铁丝棒，图钉，胶枪，油性签字笔，黑色绒球

难易度 ★★★★☆

### 制作过程

① 首先制作青蛙的身体。将浅绿色和绿色无纺布剪成适当的大小并用胶枪进行粘贴，再把青蛙眼睛粘上去。

❷ 青蛙的舌头被当成分针。舌头的两面之间垫一层厚一点的纸，让舌头坚挺一些，末端稍微卷起来用胶枪进行固定。

❸ 苍蝇当成了时针。在丝绒软铁丝棒末端用胶枪粘上黑色绒球和白色无纺布，软铁丝棒用手指头缠好定型。

❹ 在青蛙表盘上，苍蝇（时针）的末端处粘上1~12的数字用来显示时间，青蛙舌头（分针）末端处粘上以5为间隔的数字用来显示分钟。苍蝇和青蛙舌头的另一端重叠并钉上图钉使它们能够转动。

还可以这么玩

立体拼图：做四个毛毡正六面体，使其中四面组合到一起应该是一个完整的图案，这能帮助孩子提高空间感和推理能力。

# 08 学习时间的流动

那正是孩子对表感兴趣的时候，我总想着要用怎样有趣的方式教孩子认识时间，正好一个偶然的机会看到了一本介绍如何引导孩子认识时间的书，然后就有了"要用这种方法制作立体钟表书"的想法。我利用

钟表的图片和孩子一天的生活日程做了一个教具，当时孩子觉得特别有意思。那时候孩子还在上幼儿园，我到现在还记得当时我跟他聊天的内容："上幼儿园的话首先做什么呀？吃完饭之后都干什么呢？"。

### 准备材料

牛奶盒八个，胶带，彩色纸，表的图片

### 难易度
★★★★☆

### 制作过程

1. 将八个牛奶盒全部做成正方体。

2 然后将做好的八个小正方体垒成一个大正方体,并将小正方体露在外侧的面标注一下,每个小正方体都被标注到三个面。将小正方体标注的三个面和未标记的三个面各自用不同颜色的彩色纸进行粘贴。

3 在小正方体的每一面都粘上钟表的图片。再把孩子一天的日程安排标注在小正方体的各个面上,这样孩子自己就会对时间产生一定的概念了。

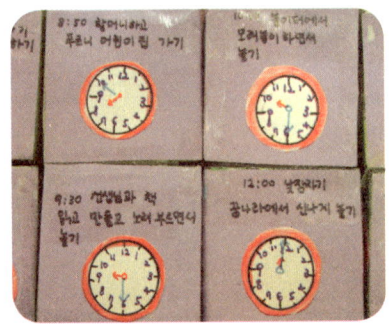

 Tip

这样制作成的立体书可以随意的翻转变换,像变魔术一样,所以孩子们会非常喜欢。

# 09 测量

玩游戏前先跟孩子说一下这个世界原本是没有数字的。然后拿来一些苹果或铅笔等能数的过来的物品，问问孩子有几个。如果回答"五个"的话，就告诉他现在是没有数字的世界，所以找找身体上有没有能用来表现个数的东西。那他可能会说"跟一只手的手指头的个数一样多"。通过这种游戏，能激发孩子对数字本身的兴趣。

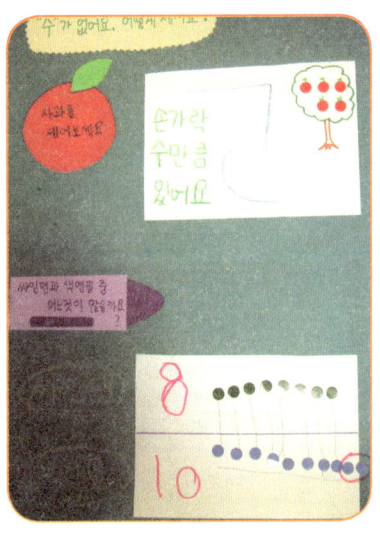

**第五章 提高思考能力的数学游戏**

### 准备材料
纸，贴纸

### 难易度
★★★☆☆

### 制作过程

**1 能测量哪些东西呢** 跟孩子一起想想能测量的项目有哪些。可以举数量、重量、体积、长度、宽度等概念的例子，让孩子自然的接受这些。然后在生活中找找测量的单位。可以观察一下孩子喜欢的饼干袋或者饮料瓶。

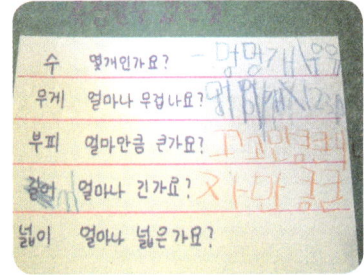

### Tip
饮料瓶: 高?
饼干袋: 多长?
书: 多厚?
玩具: 多宽?

② **没有数字的时候是怎么测量的呢？** 在纸上粘上很多贴纸后让孩子数一数。再以十个为一组画上圆圈。这样孩子就会明白数很多物体的时候，如果能把物体分成组来数就会很方便。

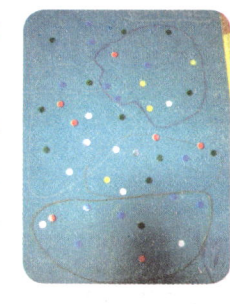

**Tip**

利用身体测量房间或家具的长度也会很有趣哦。如果想量房间的长度，把自己的身高、腿长、臂长都用上进行测量吧。

③ **用身体测量** 我们来想象一下，虽然有数字但没有尺子的时候，应该如何比较长短呢？妈妈和孩子一起用手掌量衣服的长短吧。量裤子的时候，虽然是同一条裤子，但妈妈用三个手掌就量出了，而孩子则需要用了五个小手掌才量出呢。

④ **单位登场** 告诉孩子测量的相应单位名称。

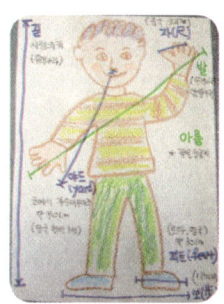

⑤ **测量面积** 选择家里两个比较小的家具，让孩子想一想哪个更宽。然后再想想有什么方法能对它们进行比较。可以用纸巾覆盖相应的面，用这种方式确认哪个家具更宽。

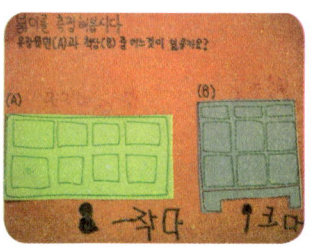

❻ **做尺** 给一张波纹纸，让孩子画一下尺。就算刻度不均匀，也让孩子随意的画吧，还可以定一下新尺的单位。做好后跟真实的尺比较一下，找找有哪些不同的地方。

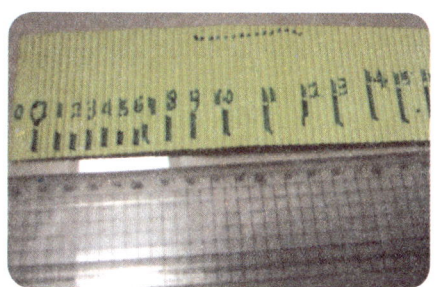

 **Tip**

大家都用不同的单位制作并使用尺的话，是不是就没办法知道是否是相同的长度了呢？所以，要告诉孩子单位标准化的重要性。

第五章 提高思考能力的数学游戏

### 还可以这么玩

将截止到现在做的所有资料都贴在笔记本上，做成妈妈牌图书进行保管也是不错的方法呢。

# 10 魔法玉米

魔法玉米是用玉米淀粉做成的绿色材料。具有稍微沾一点水就很容易粘贴或揉捏的性质，所以很容易制作构造物或拼色。如果水分太多的话反而不容易黏在一起，所以最好使用产品中附带的海绵。

### 难易度
★★★☆☆

### 准备材料
魔法玉米

### 制作过程

1. **做拖鞋** 按照孩子脚的大小做一个拖鞋吧。

2. **做包包** 让孩子画一个他想要的包，然后按照孩子能拿的尺寸做一个包包吧。

# 第六章
## 充满创意的
### 美术游戏

　　大家都认为画画是一种能力，其实与技巧相比，画中的内容更加重要。最近听说有些家长或老师为了让孩子在美术比赛中取得好成绩，会让孩子重复画相同的画。我认为这是不利于提高孩子情商的做法。

　　我让孩子在画中充分地表现自己童真般自由的思想和内心自然流露出的想法。不只重视画画的技巧，更注意让孩子按照自己的想法随意发挥。

# 01 出现图案啦

喷雾器也能成为很好的玩具呢。可以像水枪一样喷射，也可以像雾一样飘洒。夏天有两个喷雾器的话就能尽情的玩上好长一段时间呢。准备几个小喷雾器，里面加一些漂亮的颜料的话还能画出很棒的画哦。因为孩子经常在房间里到处拿着喷雾器玩，所以我突然提议说"我们在喷雾器里加点颜料啊？"，听到这话孩子的眼睛马上就亮起来了。

**难易度**
★☆☆☆☆

### 准备材料

喷雾器，颜料，纸，蜡笔，水胶，彩色粉笔

### 制作过程

1. **用喷雾器画画** 首先在素描本上用白色蜡笔画画。然后喷加了颜料的喷雾器。用喷雾器喷的越多隐藏的画就越明显。最终的画会根据喷雾器的强度出现不同的感觉，因此需要调整一下喷雾器喷水的强度和量。

### Tip

最好是多准备几个喷雾器，各自加入不同颜色的颜料。

② 用胶水画画　　用胶水画上想画的图案，然后等它完全干透。干透后用彩色粉笔涂上颜色，再用卫生纸擦一下就会出现一幅画。

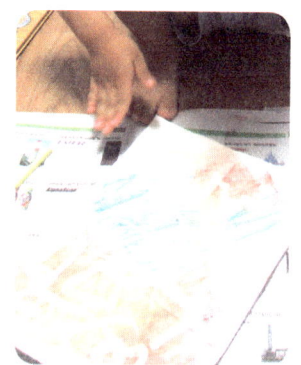

③ 用蜡笔画画　　先用蜡笔画画，然后在上面涂上颜料的话，画的画会变得很明显。

④ 用水胶画画　　在水胶中加入颜料，用滚筒涂抹整张纸，再用手指头画一幅画。等干透后可以粘上宇宙飞船和星星的图片，这样就完成了一幅宇宙图喽。

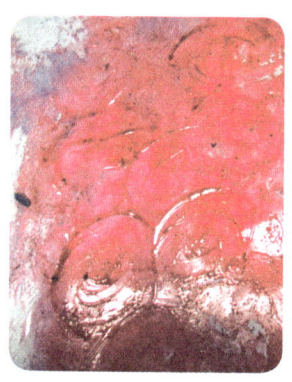

**Tip**

要放入足够多的水胶和颜料才不会干得太快哦。

第六章　充满创意的美术游戏

## 02 制作漂亮图案的纸张

孩子们一般都非常喜欢玩雨滴，而且看到肥皂泡飘上天空，也会让他们雀跃无比。那这次让我们在家里做一做肥皂泡吧！就算不能飞上天空，但彩虹色的肥皂泡本身也足够吸引孩子们了。做好后再利用这些漂亮的肥皂泡重新加工一下纸张吧，晒干后还可以做成笔记本呢。

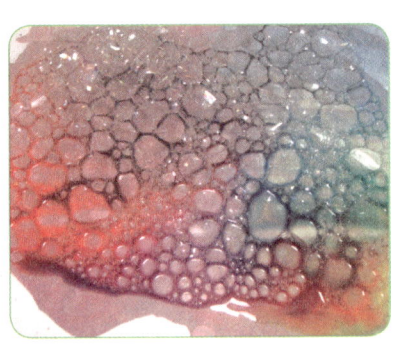

### 难易度
★☆☆☆☆

### 准备材料
肥皂，水，颜料，吸管，注射器，厨房纸巾，大理石颜料，包装剪刀

### 制作过程

**1 五颜六色的肥皂泡** 杯子里倒入肥皂水，再放一些各种颜色的颜料。插入吸管吹的话，就会出现很多泡泡。然后在彩色肥皂泡上面放上纸就会出现漂亮的泡沫印迹了。

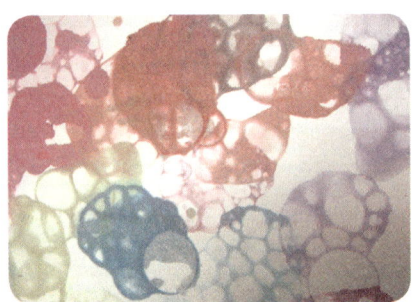

### Tip
插入吸管后注意不要让孩子吸进肥皂水。做好的纸可以晒干后用在其他游戏上。

❷ **用注射器装饰厨房纸巾** 准备好各种颜色的颜料水，用注射器吸颜料水后喷在厨房纸巾上。

❸ **用大理石颜料装饰纸张** 在盘子里盛满水后滴入大理石颜料。将纸轻轻的铺在上面，拿出来晒干就可以了。

### Tip

利用大理石颜料装饰的纸适合表现宇宙行星，也可以尝试着用在其他游戏上。

❹ **制作美丽花园** 将做出来的有漂亮泡沫印迹的纸剪成花和蝴蝶的形状。再把剪好的花和蝴蝶贴在大一点的纸张上，然后画上对话泡泡和表情做成充满故事的庭院。

第六章 充满创意的美术游戏

# 03 写一封五颜六色的信

孩子们都很喜欢老师,但因为年龄小,还不会用文字表达自己的心情,所以我在这告诉大家一个方法,按照这个方法孩子就可以写出满载感情的信了。这会让写信的孩子和收信的老师都倍感快乐的。

**难易度**

### 准备材料

覆膜的书封面,蜡笔,纸,粗的圆珠笔

### 制作过程

1. **准备信纸** 用蜡笔在覆膜的书封面的背面以马赛克的形状仔细的涂色。然后将用蜡笔涂好色的书封面下面垫上一张白纸。

**Tip**

在背面用蜡笔涂色时,请妈妈帮助孩子一起完成。

2. **写信** 用粗的圆珠笔按照书封面的图案描着画。再写一些想说的话,然后拿起书封面下面的白纸的话,就完成了沾着蜡笔的信。

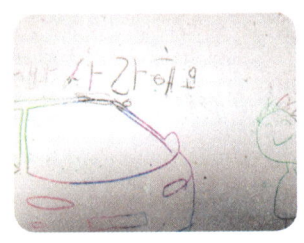

**Tip**

信不要放在信封里,而是用包装纸卷起来,这样就能做出既好看又特别的信了。

3. **自由的写信** 这次我们随意的在沾着蜡笔的信纸上画上画或者写一些文字。写信的时候可以写一些感谢的话。写好后将这些信漂亮的包装一下。

# 04 面粉游戏

不需要粘土，也不需要彩泥，只要有面粉就能玩超级简单的游戏。在和面的过程中加入一些漂亮的食用色素粉的话不仅看着好看，而且柔和的触感也非常不错哦。如果和的面太多，可以用保鲜袋包好放进冰箱里，这样下一次还可以拿出来玩。有些孩子特别不喜欢手上粘东西，但告诉他这是能吃的面粉的话说不定也能很容易地接受哦。

第六章 充满创意的美术游戏

### 准备材料

面粉，食用色素粉，橄榄油，淀粉，水

难易度
★☆☆☆☆

### 制作过程

1. **用面团做食物** 为了做出漂亮的颜色，将食用色素粉加到水里和孩子一起和面。这时，滴2～3滴橄榄油的话能防止面粘在手上，接下来就可以随意制作自己喜欢的食物了。

2. **淀粉游戏** 虽然和面粉差不多，但淀粉有不一样的味道。在一个大容器里放入一整袋淀粉，再加适量水。淀粉糊一搅拌就会变得均匀，不动就会沉淀，因为这个有趣的性质孩子们会开心的玩上好一阵儿呢。

### Tip

在水淀粉里加果汁或食用色素粉的话颜色会更漂亮。

# 05 制作奖杯和奖牌

最近电视里经常能看到在各种世界级运动比赛中扬名海外的运动健将们。我和孩子玩的时候，也经常在床上进行游泳比赛或摔跤比赛，但每次都是孩子获胜。所以，这次我打算做一个奖杯和奖牌给他。

## 难易度
★★☆☆☆

## 准备材料
纸杯，卷纸芯，饼干盒盖，草纸板，飘带，饼干盒

## 制作过程

1. 用双面胶在塑料盖上贴一个用草纸板剪成的"1"。

② 用铝箔纸把整个塑料盖包裹好，奖牌的后面再连上一个带子。

③ 卷纸芯的两端用刀划出口子，饼干盒和纸杯都用铝箔纸整个的进行包裹。

④ 将纸杯的各部分按照图片进行连接，连接好后的手柄部分（卷纸芯）用彩色纸包好，奖杯部分（纸杯）用飘带装饰一下。

第六章 充满创意的美术游戏

## Tip

做好几个奖牌后，跟朋友一起进行各种比赛。最后让每个孩子的脖子上都挂上奖牌的话孩子们会很高兴吧。

# 06 蜡笔游戏

通常有孩子的家庭里都有蜡笔吧？但每当打开蜡笔盒时，里面都有碎掉的蜡笔，还有的用的差不多只剩下一点点的蜡笔，大多时候它们会被主人扔在了一边。那么，这次让我们好好利用一下这些蜡笔吧。

### 难易度
★★☆☆☆

### 准备材料

蜡笔粉末、蜡笔头或者蜡笔碎块，黑色颜料，毛笔，熨斗，砂纸

### 制作过程

 **做夜空** 将蜡笔粉末切碎，并在纸上撒一些。上面铺上另一张纸后用熨斗熨，熨好后拿起上面的纸刷上黑色颜料，这样就表现出夜空了。

### Tip

不撒蜡笔粉末，也可以直接用蜡笔头涂鸦。

❷ **在砂纸上画画** 准备几张粗糙度不同的砂纸，然后用蜡笔头在砂纸上画画。在黑色粗糙的砂纸上画画，会出现更加鲜艳漂亮的画。还可以铺一张纸后进行熨烫，等蜡笔融化后，又会出现一张很棒的画。

❸ **蜡笔贴花** 在折成一半的纸的中间放入准备好的蜡笔碎块，用熨斗熨好后打开，会呈现出漂亮的图案，然后在漂亮图案的基础上画上联想到的画吧！

## Tip

将剩下的蜡笔碎块集中到一起进行熔化，再做成一支大的蜡笔。用这支蜡笔在每次画画时都会出现五颜六色的漂亮颜色呦。

第六章 充满创意的美术游戏

# 07 做纸杯玩具

纸杯很轻，而且也很容易买到，所以非常适合做孩子们的玩具材料。孩子觉得无聊的时候，用纸杯做个孔雀游戏怎么样？在又剪又贴的过程中，说不定会做出更有趣更有创意的作品呢。

### 难易度
★☆☆☆☆

### 准备材料

塑料手套，吸管，纸杯，蜜蜂图片，图画纸，木头筷子，娃娃眼睛

### 制作过程

1. **躲猫猫** 用油性签字笔在塑料手套上画上五官。将纸杯杯底钻一个小空，并将吸管从小空中穿过，之后将塑料手套套在纸杯上面，再用透明胶带缠好。把塑料手套放进杯子里之后一吹吸管就变成躲猫猫杯子了。

② **制作花丛中的蜜蜂**　将纸杯和吸管按照前面的做法连接起来后，画一个漂亮的蜜蜂图片，并将画好的图片粘贴固定在吸管的上端。从下面将吸管一推，纸杯中就会冒出一只蜜蜂。

## Tip

可以多做几个，跟孩子一起做表演。

③ **扇动翅膀的小鸟**　将图画纸对折，并剪成小鸟的形状。粘上小鸟的嘴和眼睛后，将木头筷子按"X"的形状粘在小鸟身上就可以了。

## 08 做纸盒

娃娃里面还有娃娃，里面还有更小的娃娃，看到这样的俄罗斯套娃就觉得做成纸盒应该也会很好玩，所以试着做了一些。没想到孩子真的很喜欢。做这种即简单孩子又喜欢的纸盒，然后在最小的盒子里藏一个小玩具或者一封信会怎么样呢？

**难易度**
★★☆☆☆

**Tip**
折纸盒的方法

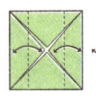

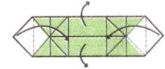

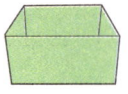

**准备材料**
各种颜色的图画纸

**制作过程**

① 用同样的方式做多个纸盒，尺寸要越来越小，在最小的纸盒中放一封信。

② 让孩子将纸盒一层层地打开看看。打开一个之后还有一个，能不停地拿出纸盒让孩子觉得非常有趣。

③ 这次让孩子写封回信。如果写字有困难可以用画画代替。

# 09 用食物装饰

用家里的物品跟孩子试着做了一下创意粘画,没想到他觉得非常开心。所以我会在做饭的时候把一部分食材分给孩子,让他按自己的想象去发挥创造。您会看到孩子拿着食材把玩半天,有时还会将"得意成果"拿给您欣赏呢。

第六章 充满创意的美术游戏

### 准备材料

海苔,颗粒盐,细盐,面包片,草莓果酱,便条纸,面条

难易度
★★☆☆☆

### 制作过程

① **用海苔做成夜空** 为了表现漆黑的夜,可以在白纸上粘贴海苔。聊一聊画中的地方是哪里,然后讲一讲发生了什么事。

② 用颗粒盐做成雪　在画中想表现下雪的位置涂上胶水。把盐洒在上面后再抖下来，自然就会出现下雪的样子。

③ 用面包片制作花　在面包片上抹上草莓果酱后卷起来切成寿司的样子。将切好的面包立着粘在提前画好的花茎上展现花朵的摸样。

④ 用便条纸制作鹦鹉　先画出鹦鹉的主体，然后定一下用什么颜色做成鹦鹉的翅膀，然后将所有的便条纸贴上去就可以了。

### Tip
除了便条纸以外，孩子也有自己想表现的方式的话，也可以尝试一下。

⑤ 面条画　首先感受一下面条的触感，再用纸做出盘子和叉子，再做一个有意大利面条的餐桌吧。

# 10 树叶游戏

路边的树叶也能成为很棒的美术材料呢。用纹理鲜明的树叶做一个新的树，再做一个长颈鹿或狮子，就会有一种来到童话世界的感觉。在跟孩子散步的过程中会遇到很多来自自然的材料，可以通过这些从自然中得到的材料做一些漂亮的作品。

第六章 充满创意的美术游戏

### 准备材料

树叶，颜料，吸管，面包，纽扣，波纹纸板，图画纸，简易显微镜，桶，珠子

难易度
★★☆☆☆

### 制作过程

 **① 树叶盖章游戏** 　在树叶上涂上各种颜色的颜料，然后在上面盖上白纸按压一下，再拿起来看看吧。

2. **用树叶做动物** 用沾过颜料的树叶装饰成动物。可以利用吸管、面包、纽扣等小物品来装饰。

 **Tip**

塑封一片树叶，然后准备多张跟塑封的树叶尺寸一致的彩色图画纸，再用打孔器在一端进行打孔。在打孔的位置插上两脚钉，就做成了扇子形状的迷你本了。

3. **用树叶装饰** 在树叶上放一张纸，然后用各种颜色的彩色笔或蜡笔快速均匀的涂抹。再用剪刀剪下树叶图案后，粘贴在树干的图案上就能做出很漂亮的大树了。

4. **用波纹纸板装饰** 用波纹纸板一边编故事一边将剪好的图案粘贴在纸上。上面再放一张纸，用彩色笔或蜡笔快速涂抹颜色。

5. **用显微镜观察** 用简易显微镜观察各种树叶，然后再将观察结果画成画。

❻ 吹吸管　用剩下的材料还可以拿吸管做一个简单的游戏。在纸上滴几滴颜料，然后用吸管吹，吹的时候孩子会非常开心的。

❼ 用手掌盖章　在几个盘子里稀释颜料，然后可以玩用手掌盖章的游戏。

❽ 蜗牛的路　在珠子上沾一些颜料。然后将珠子放进盒子里让珠子来回滚动。像不像蜗牛走过的路呢？

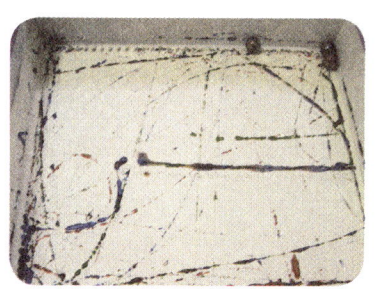

**Tip**

剪下所有手掌印，做成孔雀或者大树也会很有意思哦。

# 11 版画游戏

能连续印出相同画面的画就是版画。将版画上的图案印到纸上的时候，图案会左右互换，跟孩子一起好好观察的话他也会马上理解，并得到自己想要的画面。而且，能做版画的材料比想象中的要多。大部分物品其实都能像版画一样使用。所以，妈妈和孩子可以像做游戏一样做一个新的版画，这也会很有趣的。

难易度
★★☆☆☆

### 准备材料

颜料，滚刷，图画纸，贴纸，杂志，铝箔纸，发泡胶板，气泡垫，无纺布，砂纸，橡胶板

### 制作过程

 **贴纸版画** 画好画后在上面粘上贴纸，用滚刷涂上颜料后印一下试试。

② 杂志版画 从杂志上剪下自己喜欢的图片贴在纸上，用滚刷涂上颜料后印一下试试。

③ 铝箔纸版画 在铝箔纸上画好孩子脚底板的摸样，然后按照剪影形状粘贴胶带，再用手随意弄皱铝箔纸，最后涂上颜料试着印一下版画。

④ 发泡胶板画 用锥子在发泡胶板上画画后，涂上颜料试着印一下版画。

⑤ 气泡垫版画 将气泡垫剪成各种形状贴在纸上，然后试着印一下版画。

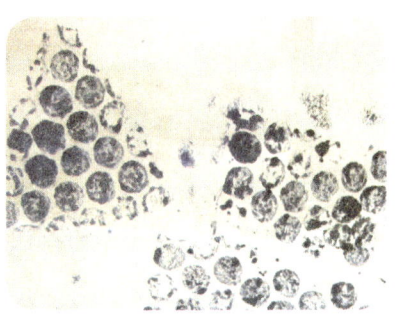

❻ **无纺布版画** 用蜡笔在无纺布上画画，然后垫上一层纸用熨斗熨一下，这样蜡笔融化后会印在纸上形成图案。

❼ **砂纸版画** 用蜡笔在砂纸上画画，再垫上一层纸用熨斗熨一下。这时蜡笔融化，会在纸上印出漂亮的图案。

❽ **橡胶版画** 在橡胶板上用雕刻刀刻出图案后，进行版画印刷。

**Tip**

用过的无纺布将它们前后缝好，再缝上飘带和手提带做成小包的话，孩子一定会非常高兴的。

# 后记

十年树木，百年树人。现在，越来越多的人关注孩子的教育，这代表我们的社会进步了，是一件非常好的事情。我认为，在孩子教育这个问题上，无论现在的问题是不是能够马上解决，只要我们肯花心思，我们的教育一定会越来越好。

对于国家，教育是一件功在当代，利在千秋的事情；对于个人，谁不希望自己的孩子聪明健康、出人头地呢？我不是专家，对于教育这么大的事情我也不是很懂。但我想，每个人都有自己的人生，只要我们用心去爱、用心去照顾自己的孩子，他的人生也一定会是精彩的。本书作者没有从科学理论的层面去讨论教育，而是简简单单地把自己教育孩子的经历写了出来。虽然只是一个一个简单的小情景、小游戏，却深含了一位上班族妈妈对孩子的爱，而且我们也能够看到，孩子对于妈妈的爱也给予了积极的回应，那就是健康、快乐地成长着。

经过将近一年的制作，《0~3岁宝宝智力提升的亲子游戏方案120：上班族妈妈实践版》终于要印刷了，这让我这个做编辑的很欣慰。说实话，在制作的过程中，我一直怀着很忐忑的心情，不知道书中的内容是否能够满足读者们的需求，也担心书中的一些内容在实际操作过程中会出现"水土不服"的问题。但是，我更希望书中的内容可以对您和孩子的沟通起到借鉴的作用，而不是让您简单照搬，毕竟最重要的是让孩子感受到您对他的爱，而不是完美地还原书中的游戏。在此期间，我向很多身边的上班族妈妈进行了咨询，她们也都给了我很多建议，在这里我要感谢她们给了我极大的信心，帮助我完成了这本书的制作，谢谢大家。

祝好！

本书编辑
2014年9月